子どもの才能を引き出す
最高の学び

プログラミング教育

THE PROGRAMMING STUDY

株式会社ミスターフュージョン代表取締役
プロスタキッズ代表
石嶋洋平【著】
Yohei Ishijima

佐野日本大学中等教育・高等学校
ICT教育推進室室長
安藤 昇【監修】
Noboru Ando

あさ出版

プログラミングを学び始めてから、
質問する内容に変化があります。

「わからないから教えてほしい」

と聞くのではなく、

「こうしたいのだけど、どうしたらいいか」

「どうしたら、このような答えになるのか」

と、**自主的な質問に変わってきた**
気がします。


（3年生・保護者）

非常に意欲的に取り組んでいて、
苦手なことにもきちんと
向き合うようになりました。

（３年生・保護者）

元々、手先を使って遊ぶことが大好きだった息子。
プログラミングを習い始めてからは、彼の中で、
これからの人生において数本見つかるであろう「軸」のような、
「これだ」というものが一本見つかった感じで、
勉強など他の生活面でも集中力が上がり、
メリハリをつけられるようになった気がしています。
幼稚園から小学４年の現在も通い続けている、
他の習い事（学習塾）の先生にも
「最近グッと落ち着いてきましたね！
腹がすわってきたというか。
何か新しく変わったこととかあるのかな」と、言われました。
親の私だけでなく、
息子の変化を感じていただいているのだと思います。

（４年生・保護者）

これまでは、ゲームをする時間など、
親が決めたルールを全然守らなかったのですが、
プログラミングを始めてから、
不思議なことに、自分でルールを決めて
自主的に守るようになったんです。
先生にうかがったら、
「プログラミングは自分でルールをつくるから、
その影響だと思います」
と教えてくださって、納得しました。

（5年生・保護者）

普段ロジカルに
考えることが苦手なのに、
プログラミングを通じてなら
できるようになっていて、
とても嬉しいです。

（5年生・保護者）

子どもがとても集中していて、
ビックリしました。
（3年生・保護者）

人に説明するのが得意ではありませんでしたが、
最近は**相手がわかるように**
話せるようになってきたようです。
（4年生・保護者）

「答えを自分で導き出す」という内容が
とても本人のためになると思いました。
すごく集中していました。
（２年生・保護者）

「授業が楽しい」と言っていて、
私が見てもとても楽しそうでした。
こんなことは初めてです。
（３年生・保護者）

――いずれもプログラミングスクール「プロスタキッズ」保護者の声

はじめに

＊小学生が、芸能人やドラえもんよりも会いたい人物は？

最初に、質問です。

日本ファイナンシャル・プランナーズ協会（日本ＦＰ協会）は、「２０１７年　小学生の『将来なりたい職業』ランキング」を発表しました（２０１８年４月発表）。

次に挙げた10の職業の中で、もっとも上位にランクされたのは、どの職業だと思いますか？（対象は男子児童）

【男子児童が将来なりたい職業】

- バスケットボール選手・コーチ
- 大工
- 警察官・警察関連
- 科学者・研究者
- 教師
- ユーチューバー（YouTuber）
- 会社員・事務員
- 獣医
- 料理人・シェフなど
- テニス選手・コーチ

答えは次ページをご覧ください。

正解は、「ユーチューバー」です。

「ユーチューバー」とは、インターネット上の動画共有サービスである「YouTube（ユーチューブ）」に動画を投稿し、広告収入を得る人たちのことです。

２０１６年は「14位」でしたが、２０１７年は「６位」に急上昇しています（参照：日本ファイナンシャル・プランナーズ協会プレスリリース）。

小学生の子どもたちにとって、「YouTube」は身近なツールであり、ユーチューバーは憧れの職業になっています（10位までのランキングは次ページに掲載）。

以前私は、「プロスタキッズ」（株式会社ミスターフュージョンが運営するプログラミングスクール／20ページで詳述）で学ぶ子どもたちに、「テレビに出ている芸能人と、ヒカキン（ＨＩＫＡＫＩＮ）なら、どっちに会いたい？」と聞いてみたことがあります。すると、教室にいた子ども全員が、「ヒカキン」と答えました（ヒカキン／チャンネル総登録者数１２００万人を誇る日本のトップユーチューバーです）。

将来なりたい職業は?

順位(前回)	職業	票数
1(1)	サッカー選手・監督など	189
2(2)	野球選手・監督など	181
3(3)	医師	109
4(4)	ゲーム制作関連	105
5(5)	建築士	62
6(14)	**ユーチューバー**	**51**
7(6)	バスケットボール選手・コーチ	50
8(11)	大工	43
8(8)	警察官・警察関連	43
10(17)	科学者・研究者	40

※日本FP協会・第11回「小学生『夢をかなえる』作文コンクール」応募作品より集計
• 応募期間:2017年5月1日～10月31日　• 応募作品数:男子児童1,857点

ユーチューバーが急上昇!

いまや、「ヒカキン」の人気は芸能人以上です。『新潟日報』に掲載された「友だちになりたい有名人ランキング」（2018年4月3日付）では、「ドラえもん」「ブルゾンちえみ」「みやぞん」「TWICE」「嵐」といった難敵を抑えて、小学「1年」「2年」「3年」「4年」「5年」「6年」のすべてのカテゴリーで「ヒカキンが第1位」になっています。

＊中高生に人気の職業は、IT関連

「ソニー生命保険株式会社」が、全国の「中高生」を対象に実施した「中高生が思い描く将来についての意識調査」では、次のような結果が出ています（調査協力会社：ネットエイジア株式会社／有効回答数1000名）。

【中高生が将来なりたい職業】

・「男子中学生」

第1位　**ＩＴエンジニア・プログラマー**
第2位　**ゲームクリエイター**
第3位　**ユーチューバーなどの動画投稿者**
第4位　プロスポーツ選手
第5位　ものづくりエンジニア（自動車の設計や開発など）

・「男子高校生」
第1位　**ＩＴエンジニア・プログラマー**
第2位　ものづくりエンジニア（自動車の設計や開発など）
第3位　**ゲームクリエイター**
第4位　公務員
第5位　学者・研究者／運転手・パイロット

中学生でも、高校生でも、ＩＴ関連の職種が上位を占めています。

スマートフォン、タブレット端末、ゲーム機など、幼いころからＩＴが日常に溶け込んでいる子どもたちにとって、「ＩＴエンジニア・プログラマー」「ゲームクリエイター」「ユーチューバー」に憧れるのは、想像できる結果と言えます。

デジタルネイティブ世代（子どものときからインターネットやパソコンのある生活環境で育ってきた世代）の小・中・高校生は、ＩＴ環境のダイナミックな変容を受け止めながら成長しているのです。

＊私たちの生活は「プログラム」に囲まれている

近い将来、すべてのモノ（情報）がインターネットに接続される時代が到来すると言われています。

働き方やこれまでの常識が大きく変わる時代に不可欠なのが、「プログラミング（コンピューターのプログラムを作成する）」のスキルです。

「プログラム」とは何かというと、「計画」「予定」のことです。つまり、プログラミングとは、

「コンピューターにさせたい仕事（計画、予定）を順番に書き出す作業」

のことです。

コンピューターは、人間の言葉を理解できません。そこで、**コンピューターが理解できる言葉＝「プログラミング言語」**で指示する必要があります。

- **プログラム………計画、予定**
- **プログラミング…コンピューターにさせたい仕事（計画、予定）を順番に書き出す作業**

「プログラム」という言葉は、日常的にも使われています。

たとえば、「入学式・卒業式のプログラム」「コンサートのプログラム」「テレビ番組

のプログラム」「運動会のプログラム」「映画のプログラム（パンフレット）」「電車やバスの時刻表」「結婚式の式次第」「修学旅行のしおり」「カメラのプログラムオート」「株式市場のプログラミング取引」……。

こうした「プログラム」に共通しているのは、

・はじめから終わりまで、順序立てられている
・前もって設定されている
・いつ、どのような行動を取るべきかが示してある

といった点です。

物事には、手順やルールがあります。

小学校の卒業式なら、「開式宣言」→「卒業生入場」→「校歌斉唱」→「卒業証書授与」→「学校長式辞」→「来賓祝辞」→「記念品授与」→「在校生送辞」→「卒業生

答辞」→「閉式宣言」→「卒業生退場」といった式次第を決め、この順番通りに生徒、先生、来賓を動かすことがプログラミングです。

開会を宣言してすぐに学校長が式辞（お祝いの言葉）を述べたら、それは、「正しいプログラムではない」「プログラムが間違っている」ことになります。

こうした手順やルールを「プログラム」と呼ぶのであれば、私たちは多くの「プログラム」に囲まれて生活していることになります。

＊「プロスタキッズ」は、ものづくりを楽しく学ぶプログラミング教室

私が社長を務める「株式会社ミスターフュージョン」（Ｗｅｂコンサルティング会社）では、２０１７年から、小学生向けプログラミングスクール**「プロスタキッズ」**を開講しています。

【プロスタキッズ】

総務省による「若年層に対するプログラミング教育の普及推進」事業認定。プログラミングによる「ものづくり」を楽しく学ぶことのできる小学生（1年生～6年生）のための早期プログラミングスクール。2020年までに300校開校を目指し、全国展開中。

「プロスタキッズ」は、「すべてのヒトに創るチカラを」をビジョンに開始した小学生向けプログラミングスクールです。

個人対応トレーニング型のレッスンで、一人ひとりの特性や理解度に合わせて学ぶことができます。

ＩＣＴ教育（パソコン、タブレット端末、電子黒板などを使った教育）の第一人者である安藤昇先生（佐野日本大学中等教育・高等学校ＩＣＴ教育推進室室長／マイクロソフト認定教育エキスパート）がカリキュラムの監修をしているのも特徴のひとつです（本書の監修者でもあります）。

また、カリキュラムの一環として、東京・お台場海浜公園で開催の「東京花火大祭〜EDOMODE《エドモード》〜」（２０１８年8月11日開催）にて、「子ども花火」を打ち上げる予定です。「プロスタキッズ」の講習に参加した子どもたちがデザインした花火の絵の中から、10作品を選んで約4分間打ち上げます。さらに、「プロスタキッズ」の生徒10名がプログラミングした約2分半のスターマイン（速射連発花火）を披露します。

この試みは、小学生向けプログラミングスクールでは「世界初」です。

＊私が「プロスタキッズ」を開講した理由

私が「プロスタキッズ」を立ち上げたのは、おもに、「3つ」の理由からです。

●理由① 子どもたちに「論理的思考力」を身に付けてほしいから

本書で詳しく説明しますが、プログラミングを学習することによって、論理的に物事を考える習慣（クセ）が自然と身に付きます。

実際にプログラムを書いてみると、自分の思い通りに動かないことがあります。計画通りに動かなかったときは、「なぜ、意図したように動かないのか？」「どのように指示をすれば動くようになるのか？」を検証しなければなりません。

作業過程をひとつずつ振り返り、プログラムを見直し、原因を突き止め、解決策を導き出す。こうした問題解決のプロセスが、子どもの「論理的思考力」を伸ばすことにつながります。また、論理的な思考力は、将来の変化を予測することが難しい時代に不可欠な力です。

◉理由② アイデアを形にできる人に育ってほしいから

ゲームやアニメーションをつくるのに、特別なスキルは必要ありません。プログラミングを学べば、小学生でもプロさながらの作品をつくれるようになります。

自分の考えたキャラクターを画面の中で動かしたり、簡単なゲームの要素を追加したりすることで、自分の頭の中にあるイメージを視覚化できるのです。

プログラミングは、アイデアを具現化します。プログラミングを学べば、これまでになかった新たな製品や独創的なサービスを創出することも可能です。

◉理由③「なりたい職業」になってほしいから

前述した「ITエンジニア・プログラマー」「ゲームクリエイター」「ユーチューバー」といった仕事に就くには、「プログラミングの素養」が必要です。

また、プログラミングが広義の意味で、「物事の手順やルールを書き出すこと」だとすれば、プログラミングを学ぶと、「自分以外の人やものに仕事を頼む」「自分以外のものを思い通りに動かす」こともできるようになります。

企画者の意図通りにユーザーを動かすことも、大企業で何万人もの人々を組織することもプログラミングだと解釈できます。

本人にはプログラマーとしての自覚がなくても、何かの意図を持って仕事をしている以上、すべての人がプログラマーです。

だとすれば、これからの子どもたちにとって、プログラミングは必須のものです。

＊プログラマー的な思考法は、人生を豊かにする

2020年度から、小学校でプログラミング教育が必修化されます。また、大学入試センター試験に代わって導入される「大学入学共通テスト」では、プログラミングなどの情報科目の導入が検討されています。

プログラミング（あるいは、プログラミング的思考法）は、もはや専門的なスキルではなく、誰もが身に付けておくべきスキルなのです。

本書は、プログラムの書き方を紹介するものではありません。プログラマー的な思考法を手に入れることが、社会的にも、人生においても価値あるものだということをお伝えする内容です。

「どうして、将来プログラマーにならない人にもプログラミングが大切なのか」
「どうして、子どものころから、プログラミングを学ばせる理由があるか」

「プログラミングを覚えると、どのようなメリットがあるか」

これらの疑問に対する答えをまとめさせていただきました。

本書をきっかけに、皆様、そして皆様のお子様がプログラミングに興味を持っていただけたら、著者としてこれほど嬉しいことはありません。

株式会社ミスターフュージョン代表取締役・プロスタキッズ代表
石嶋洋平

子どもの才能を引き出す最高の学び　プログラミング教育　目次

Contents

第1章

「プログラミング教育」必修化の前に知っておきたいこと

Contents

第2章 プログラミングで身に付く「7つの才能」

第3章 「プログラミングスクール」に通わせるメリット

編集協力／藤吉 豊（クロロス）
本文デザイン・DTP／斎藤 充（クロロス）

序章

なぜ「プログラミングスクール」が注目されるのか

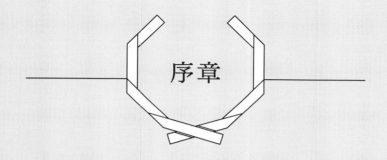

子どもを「プログラミングスクール」に通わせる理由

＊「プログラミングスクール」への関心が高まる

ここ数年、保護者の間で「プログラミングスクール」への関心が高まっています。

「株式会社イー・ラーニング研究所」が行った「年末年始の子どもの習い事アンケート」（20代～50代の子どものいる親、男女４１３人を対象）では、「２０１７年、何の習い事をさせたいですか（させる予定ですか）」という質問に対し、スポーツ系、英会話スクールを抜いて、**「プログラミング教室」が「第1位」**になっています。

また、子どもを持つ母親927人を対象に行われた、「ケイコとマナブ.net」の「子どもに習わせたいお稽古ランキング」（2016年に実施）では、**10位に「パソコン関連（プログラミングなど）教室」がランクイン**しました。

「株式会社ジャストシステム」が実施した「小学生のプログラミング学習調査」（2016年に実施。小学生の子どもを持つ母親553名を対象）では、**「小学1～4年生の10人にひとりがプログラミング教室に在籍」「夏休みに短期スクールやワークショップに参加する小学生の4人にひとりがプログラミング」**という回答結果が出ています。

子ども向けのプログラミングスクールも増加傾向にあります。

子ども向けプログラミングスクールの数は、2013年には750教室でしたが、2018年に4457教室、**2023年には約15倍となる1万1127教室**に達すると予測されています（参照：GMOメディア株式会社プレスリリース／「コエテコ by GMO」と船井総合研究所が共同で実施した子ども向けプログラミング教育市場調査）。

＊プログラミングスクールに人気が集まる理由

では、どうしてプログラミングスクールへの関心が高まったのでしょうか。

「プロスタキッズ」への入会を決めた保護者に、「子どもをプログラミングスクールに通わせようと思った理由」をうかがいました。おもな理由は、次の「5つ」です。

◉理由① 小学校でのプログラミング教育が必修化されるから

2020年から、小学校でのプログラミング教育が必修化されます。それに備えて、「早いうちから習わせておきたい」と考える保護者が増えています。

◉理由② IT技術が身近になっているから

家電にもAI（人工知能）が搭載されるなど、さまざまな分野でIT化が進んでいるため、「プログラミング」に対する知識を持っていたほうがいいと考え、子どもをプログラミングスクールに通わせています。

◉理由③　就職のときに有利になるから

ＩＴ化が進めば進むほど、プログラマーやシステムエンジニアのニーズは増加することが予想されています。また、ＩＴ技術者は起業しやすい環境にあるため、将来的な独立も可能です。子どものうちからプログラミングスキルを身に付けておけば、就職する際に強い武器となります。

◉理由④　子どもに論理的思考を身に付けさせたいから

プログラミングを学ぶ過程で、「コンピューターにどのような動きをさせるか」「コンピューターを動かすためにどのようなルールを設定するか」「トラブルがあったときにどのように対処するか」など、物事を順序立てて、論理的に考えていく習慣が身に付きます。

◉理由⑤　自宅で教えることが難しいから

家庭でパソコンに触れる環境がなかったり、親自身がプログラミング未経験だとしても、プログラミングスクールに通わせれば、授業での体験を通じてプログラミングの楽しさを子どもに教えることができます。教室によってはパソコンを貸与してくれるところもありますので、親も安心して通わせることができます。

＊プログラミングスクールは、保護者の心強い味方

「プログラミングスクールに通わなくても、今はプログラミング学習の書籍もたくさんあるし、インターネットで調べることもできる」と考えて独学で勉強させようと思ったものの、「どの書籍を選んでいいかわからない」「インターネット上の膨大な情報の中から正しいものを選び取るのが難しい」などの理由で、プログラミングスクールに通わせることにした保護者もいます。

子どもをプログラミングスクールに通わせた理由

本人が通いたいと強く訴えてきた、
そんなことはこれまでなかった。

体験教室で、あんなに集中している姿を
見たのは久しぶりでした。
集中して、しかも楽しんでやっているので
通わせることに決めました。

親がわからないので
教えてあげることができない。
教室だとわからないことを聞くことができる

※「プロスタキッズ」入会理由より

**「集中している」「楽しんでいる」
「自発的に取り組んでいる」など、
子どもの様子を理由に挙げる親も多い**

ＩＴは、すでに社会を構成する上で欠かせない技術となっていますから、プログラミングはこれからの社会を担う子どもたちにとって、必須の知識です。

子どもにプログラミングの教育をさせたいと思っても、どう教えていいのかわからない。そんなときに強い味方となるのが、プログラミングスクールです。

どんな子どもが「プログラミングスクール」に通っているのか？

＊子どもにプログラミングを習わせたほうがいい？

２０２０年を目前に控え、「うちの子にもプログラミングを習わせておいたほうがいいのでは？」と迷っている保護者の方も多いと思います。

とはいえ、自分の子どもがプログラミングに向いているかどうかは気になるところでしょう。

そこで、子どもに「プログラミングの適性があるか、否か」を親目線でチェックできるポイントをご紹介します。

適性を見極めるポイントは、次の「5つ」です。どれかひとつでも当てはまれば、その子どもには、プログラミングの適性があると思います。

【適性を見極める5つのポイント】

①ゼロからものをつくることに興味がある
②推理したり、ロジックを楽しむおもちゃを好む
③単調な作業を続けることにストレスを感じない
④家電製品やスマートフォンの操作を試したがる
⑤何かと要領がいい。ラクをしたがる

＊子どものプログラミングの適性を見分ける方法

◉ポイント①　ゼロからものをつくることに興味がある

システムエンジニアやプログラマーなど、現役のＩＴ技術者に、「子どものころ、どんな遊びをしていましたか？」と質問をしてみたことがあります。

するとと多くのＩＴ技術者が、

「自分でおもちゃをつくっていた」

「折り紙の新しい折り方を自分で考えるのが好きだった」

「ひたすら、絵ばかり描いていた」


など、**「自分の手でものをつくり出す」**ことに楽しみを感じていることがわかりました。

私自身も、画用紙とハサミ、セロハンテープを使って簡単なレールをつくり、ビー玉を転がして遊んでいた記憶があります。

プログラミングは、「ものづくり」の一種です。

勘違いされがちですが、「プログラミングを学ぶ」ことは、ものづくりのためのツールや材料を入手することです。

スキルを学ぶ（プログラミング言語を覚える）ことがプログラミングのゴールではありません。そのツールを上手く活用できるかどうかは、ものづくりの資質があるか否かに左右されます。

工作、料理、お絵かき、編み物、創作作文などに興味を持って、「何もないところから自分で材料を集めて、ひとつの作品を完成させる」ことができる子どもは、プログラミングに向いていると言えます。

◉ポイント②　推理したり、ロジックを楽しむおもちゃを好む

いわゆる「知育玩具」を好む子どもは、プログラミングに必要な数学的な能力を秘めている可能性があります。

知育玩具とは、子どもの知能や心の発達を促す教育目的でつくられたおもちゃのことで（大人にとっての「脳トレ」のイメージです）、「遊びが楽しい」「学びが楽しい」をリンクさせることができるので、勉強に意欲的に取り組むようになるとされていま

す。知育玩具に親しんでいると、「なぜだろう」と疑問を持ち、考える下地ができやすいことからも、プログラミングの適性があると言えます。

◉ポイント③　単調な作業を続けることにストレスを感じない

プログラミングは、たった1文字間違えただけで動作しないことがあります。些細《ささい》なミスでエラーが起こるため、何度も何度もチェックして、プログラムを修正していかなければなりません。

プログラミングは地味な作業の繰り返しなので、単純作業を厭《いと》わない粘り強さや忍耐力が必要です。

したがって、ある目的を達成するために、同じような作業をコツコツと続けられる子どもはプログラミングに向いています。

◉ポイント④　家電製品やスマートフォンの操作を試したがる

現役のＩＴ技術者は、

「小学生のときから、家電製品をいじってみるのが好きだった」
「親と電気屋さんへ行くたびに、パソコンコーナーでいろいろなソフトを起動させていた」
「お試しができる製品は、片っ端から試さないと気が済まない子どもだった」

といったように、子どものころから、家電製品やパソコン機器等に対する好奇心を持っていました。

重要なのは、ただ触るだけではなく、**「試したがる」**という点です。「ここをこうしたら、どんな結果になるんだろう？」と疑問を持ち、「実際に試してみる」からこそ、新しい気づきを得ることができます。

家電製品やパソコン、スマートフォンに興味を持って、操作を「試したがる」子どもは、プログラミングの適性があると言えます。

◉ポイント⑤　何かと要領がいい。ラクをしたがる

「汗水流して苦労することこそが美徳だ！」という考え方は、プログラミングの世界では通用しません。反対に、「どうすれば、今よりもラクにこの作業をこなせるだろうか」「今まで以上に効率の良い方法はないのだろうか」を考え、実行に移せることが重要視されます。**イノベーションを起こす可能性がある**からです。

要領がいい子どもは、大人から見れば可愛げなく映るかもしれません。しかし、子どもがラクをする方法を自分で考えて実践し、一定以上の成果を出せているのであれば、プログラミングに向いている可能性があります。

プログラミングスクールでは、どんな授業が行われているのか？

＊パソコンにはじめて触る人でも、プログラムが組める

プログラミングスクールでは、どのような教材を使って、どのような授業（カリキュラム）が行われているのでしょうか。

現在では、小学生でも無理なく学べるプログラミングが増えてきています。そのひとつが**「ビジュアルプログラミング」**です。

「ビジュアルプログラミング」では、複雑な命令文や英数字などの文字を打ち込む必要はなく、視覚的な操作だけでプログラミングを学ぶことができます。

たとえば、**「Scratch（スクラッチ）」**と呼ばれる「ビジュアルプログラミング」は、多くの小学生向けプログラミングスクールで使われている学習ツールです（2020年以降、多くの小学校で、「Scratch」を用いた学習が検討されています）。

「Scratch」は、マサチューセッツ工科大学（ＭＩＴ）メディアラボの「ライフロング・キンダーガーテン」というグループがつくった、プログラミングソフトです。ウエブサイトにアクセスすれば自由に使うことができるので、ソフトのインストールなどは必要ありません。すぐにプログラミングを体験できるのが特徴です。

- **「Scratch」……http://scratch.mit.edu/**

「Scratch」の操作方法はとても簡単で、さまざまな命令が書かれているブロックを組み合わせるだけで、自分だけのゲームやアニメーションをつくることが可能です。

とてもシンプルですが、ブロックを並べると画面上のキャラクターが命令どおりに動くため、直感的にプログラミングを学ぶことができます。

このソフトを使って自分の手でコンピューターに指令を出したり、条件文を設定したりする過程で、実際に社会で運用されているプログラミングと同じ思考が養われます。

＊ロボットプログラミング、３Dプリントなどを行うスクールも

「ビジュアルプログラミング」とならんで、人気なのが**「ロボットプログラミング」**です。

「ロボットプログラミング」は、ロボットの挙動をプログラミングで制御し、実装と検証を繰り返すことで、集中力や観察力を養うことを目的としたカリキュラムです。また、試行錯誤を繰り返してオリジナルのロボットに改造していく過程で、想像力や空間認識力を育《はぐく》んでいきます。あるプログラミング教室では、月2回の授業で1体のロボットを制作するカリキュラムが組まれており、単なるロボットづくりに終始せず、自動運転、自然、芸術など、時事的なテーマの知見をワーク形式で深めることができま

プログラミングソフト「Scratch」

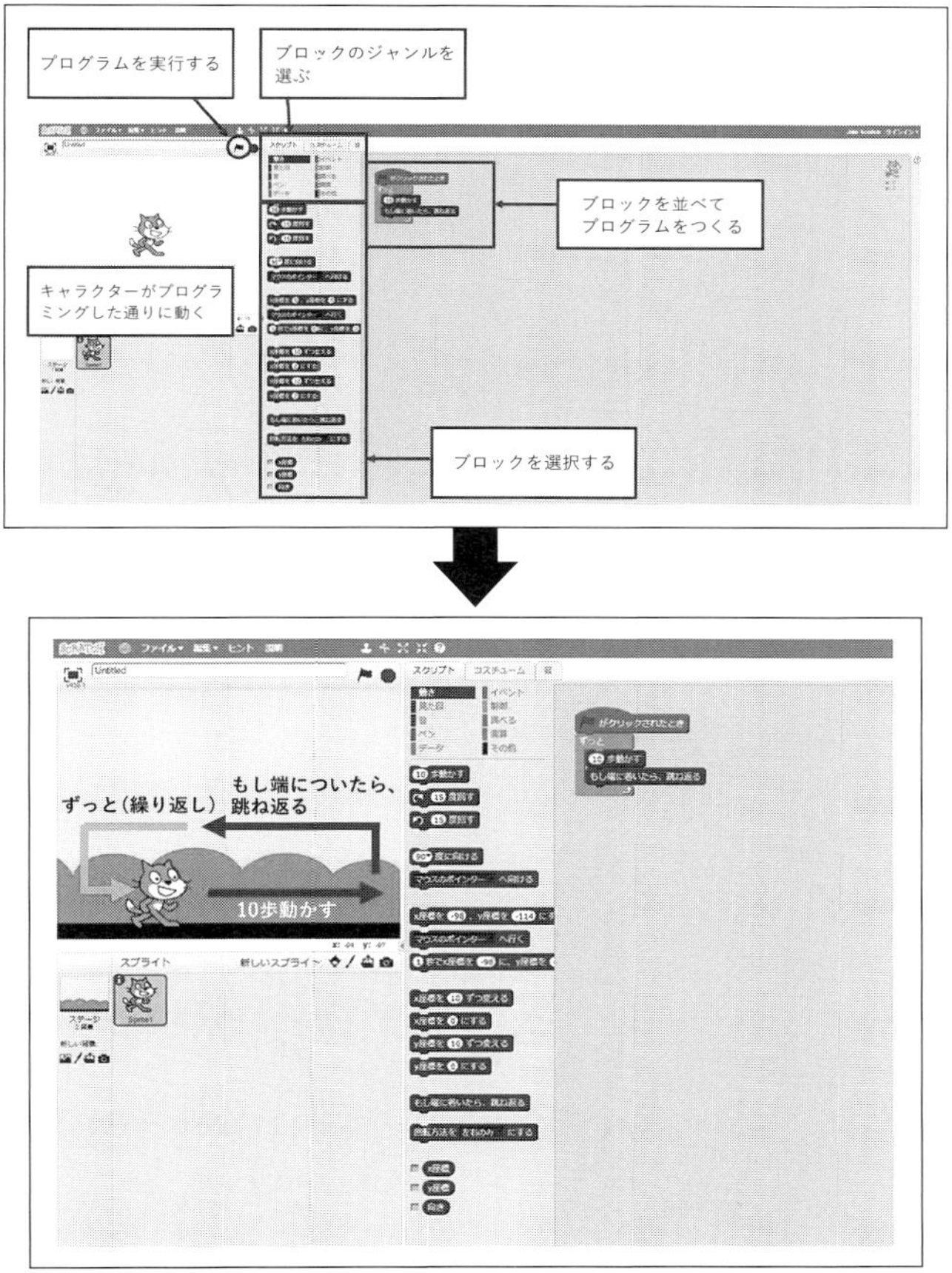

操作性にすぐれているから、直感的に、楽しく学べる

す。

ＬＥＧＯ社が開発した教材を用いたカリキュラムを取り入れている教室もあります。いくつか教材を紹介すると、ひとつは「教育版レゴ®マインドストーム®EV3」です。この教材では、出されたミッションに対し自分で仮説・検証を繰り返し、「論理的思考力」「創造力」を身に付けていきます。また、組み立てたロボットが自由でユニークな動きをすることも特徴です。

もうひとつが、「レゴ®エデュケーション WeDo2.0™」です。ロボットをつくりながら学習するので、〝わからない〟を楽しむことで、問題発見力や問題解決力を身に付けていくことをねらいます。

「レゴ®エデュケーション WeDo2.0™」とプログラミングソフト **「VISCUIT（ビスケット）」** を用いた教室もあります。「ものづくり」の基礎を学ぶと同時に、デザインとプログラミングを通して子どもの「やってみよう」「できた！」を引き出すことで、「表現力」や「自己肯定力」を育みます。

３Ｄプリントやレーザーカッターなどのデジタル工作機器を使い、ものづくりを行うスクールもあります。パソコンやタブレットで立体物や平面のデザインを行い、３Ｄプリントで実際に出力するなどして、オリジナル作品の制作に挑戦します。

他にも、「エンチャント・ジェイエス」「エックスコード」といったツールを使用してゲームの制作を行うコースを用意しているスクールや、文部科学省がつくった「プログラミン」というサービスを用いたカリキュラムを行うところもあります。簡単なブロックの積み重ねでアニメーションやゲームをつくることができ、教室で開発したプログラミングの練習問題を通じて作品をつくれるようになります。

＊プログラミングスクールなら、楽しく、プログラミングが学べる

「プロスタキッズ」では、プログラミングで「ものづくり」を楽しく学ぶことのでき

るカリキュラムを用意しています。

「プロスタキッズ」の授業は、講義形式ではありません。レベル別に用意された課題を、子どものペースに合わせて進めていくことで、基本的な技術から、より難易度の高い技術へとステップアップしていくことができます。

また、日本で初めて**「メイクコード」**（マイクロソフトが開発したビジュアルプログラミング環境）を使用したプログラミングカリキュラムを構築し、**「マインクラフト」**や「マイクロビット」などと連携させたプログラミング環境を提供しています。

マインクラフトは、スウェーデン生まれで、全世界で1億4400万本以上販売されている、ブロックを使ったゲームです。日本では「マイクラ」の愛称で親しまれています。

ゲーム内にゴールがなく、正解がないため、子どもたち独自の思考を、子どもたちの得意な方向に伸ばすことのできる学習環境だと考えられています。また、マインクラフトの世界では、「奥行き」「幅」「高さ」の3軸からなる空間把握の能力が必要になるため、算数の図形問題・数学の基礎知識の理解度向上が期待できます。実際、マインクラフトは教材として有効と考えられており、最近のアップデートでは原子記号を利用した化学的な学習も行えるようになっています。

私たちが小1から中3の1580人を対象に行った「マインクラフトを知っていますか」というアンケートでは、**9割が知っていると答え、そのうちの7割がマインクラフトを実際にプレイしたことがある**という回答が得られました。

「プロスタキッズ」では、子どもが好きなことをとことん継続できるように、「メイクコード」をカリキュラムに組み込んでおり、**「遊んでいる延長でプログラミング思考を学ぶ」**ことができるのが、このカリキュラムの最大の特徴です。

「メイクコード」コースのカリキュラムを全面的にバックアップしているのは、プロスタキッズ公式マインクラフターと2名のプログラミングアドバイザーです。

・タツナミシュウイチ先生

マインクラフト公式マインクラフター。世界で1億人以上のユーザー数を誇るマインクラフトのマーケットプレイスにて公式ダウンロードコンテンツ「睦月城」を発表。名実ともにアジアで初のマインクラフト公式でプロのマインクラフターとなる。

・ドゥラゴ英理花（Erika Drago）先生

Microsoftグローバルマインクラフトメンター。国際バカロレア（ＩＢ）コース指導、情報教育と英語教育のコラボレーション、ドローンとマインクラフトを使用したプログラミング教育など、探究型の授業実践を行っている。

・堀井清毅先生

Microsoftグローバルマインクラフトメンター。西町インターナショナルスクール初等部日本語カリキュラムコーディネーター。日本初のApple Distinguished Educatorに認定された後、インテル・マスターティーチャー、Microsoft認定教育イノベーター、グローバルマインクラフトメンター、TeachSDGsアンバサダーとして数々の企業、NPOから認定を受ける。

「プロスタキッズ」では「Scratch」コース、「メイクコード」コースともに、受講後は、実際にプログラミング言語を用いてホームページやアプリをつくる本格プログラミングコースへステップアップすることも可能です。

「Scratch」や「メイクコード」をはじめとする「ビジュアルプログラミング」は、「楽しみながら」プログラミングの入口に立つことができます。

子どもにプログラミングを学ばせたいのなら、この**「楽しみながら」**という視点が大切です。

プログラミングにかぎらず、私は子どもに「勉強を無理強いしてはいけない」と考えています。なぜなら、無理にやらせると、「楽しい遊び」だったものが「やらなければいけない義務」に変わってしまい、子どもはやる気を失うからです。

プログラミングの楽しさは、**「手を動かすこと」**にあります。
プログラミングスクールに通うと、子どもたちは実際に手を動かしながら、自分でものをつくることのおもしろさ、楽しさに気づくことができるのです。

「プロスタキッズ」で学ぶ子どもたち

第1章

「プログラミング教育」必修化の前に知っておきたいこと

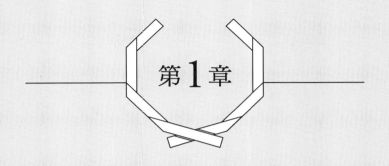

小学校で「プログラミング教育」が必修化される「2つ」の理由

＊学校教育の現場でも、ＩＴ（ＩＣＴ）が普及

２０２０年度から、小学校でのプログラミング教育が必修化されます（中学校では、２０１２年度から、「技術・家庭科」で「プログラムによる計測・制御」が必修になっています）。

プログラミング教育の必修化を進める理由は、おもに、

①「ＩＴ人材の育成」（65ページ）

②「プログラミング的思考の育成」（71ページ）

の「2つ」があると私は考えています。

◉必修化の理由① IT人材の育成

そもそも、「IT」とは、どういった意味でしょうか。

ITは、「インフォメーション・テクノロジー」の略称で、コンピューターやインターネットを利用して、仕事や生活に役立てるための技術のことです。

具体的には、ハードウェア、ソフトウェア、アプリケーション、通信インフラ、インターネットサービス、クラウドサービス（「Gmail」や「Yahoo!メール」などのように、インターネットに接続してソフトウェアを使うサービス形態）などを指します。

また最近では、ITと似た言葉で、**「ICT《アイシーティー》」**という用語が使われることもあります。ICTは、「インフォメーション・コミュニケーション・テクノロジー」

の略称で、**「情報伝達技術」**と訳されます（日本では、「IT」という用語が普及していますが、国際的には「ICT」が広く使われています）。

ITもICTもほぼ同じ意味ですが、ICTには、「コミュニケーション（伝達手段）」の意味が含まれているので、

- **「IT」……コンピューター関連の技術**
- **「ICT」……コンピューター関連技術の活用方法**

と使い分けることもあります。

学校教育でもICTの活用（ICT教育）が進められています。

「ICT教育」とは、パソコン、タブレット端末、電子黒板、インターネット、デジタルコンテンツなどを取り入れた教育のことです。

「宿題をタブレット端末上で手書きし、先生に提出する」

「タブレット端末を利用して、縄跳びや跳び箱などのフォームを確認する」

「タブレット端末に入力した内容を電子黒板に表示しながら、授業を進める」

「昆虫や虫の画像を検索させる」

「動物の鳴き声を聞かせて、動物の名前を英語で答えさせる」

といったように、学校によっては、すでにICTを導入した授業がはじまっています。


政府の教育振興基本計画では、タブレット端末を含めた教育用パソコンの「1台当たりの児童生徒数」が「3・6人」になるように（2016年3月時点では、6・2人）、環境の整備を進めています。

電子黒板、タブレット端末、デジタル教科書などを用いた授業は、今後、さらに増えていくでしょう。

＊「ＩＴ人材」には「つくる人」と、「使いこなす人」が含まれる

「ＩＴ人材」についての明確な定義はありません。ですが前述したように、ＩＴは「コンピューター関連の技術」のこと、ＩＣＴは「コンピューター関連技術の活用方法」のことですから、私は、ＩＴ人材を

- **「コンピューター関連の技術」を開発する人材（技術者）**
- **「コンピューター関連の技術」を活用する人材**

の2つの意味で解釈しています。

ＩＴのインフラ（コンピューター、ソフトウェア、情報システムなど）を「つくる人」と「使いこなす人」を育成しようというのが、プログラミング教育を必修化する理由のひとつです。

＊プログラマー不足を解消するため、ＩＴ人材の間口を広げる

ＩＴ機器やＩＴ関連サービスを開発するには、プログラミングのスキルを持ったプログラマーが必要です。ＩＴ技術の進化にともない、プログラマーの需要は増え続けています。

ところが、増加する人材需要に対して、それに対応する人材の数（供給）が追いついていないのが実情です。

経済産業省が２０１６年６月に発表した「ＩＴ人材に関する調査」によると、国内ではＩＴ人材の供給が２０１９年をピークに減少へと転じ、２０２０年には「約37万人」、**２０３０年には、「40～80万人」が不足する**と予測されています。

政府は、「ＩＴを戦略的に活用して、国際的な競争優位を確立したい」と考えています。そのためには、プログラミングスキルを持つ人材を増やさなければなりません。

プログラマー不足を解消するためにも、義務教育の早い段階からプログラミングを学ばせ、ＩＴ人材の間口を広げておく必要があるわけです。

日本はもとより、世界的にプログラマーは不足傾向にあり、売り手市場が続いています。今後、**「プログラマーの市場価値は高まる」**と見られています。そのため、プログラミングを学ぶことは、キャリア形成においても、子どもの可能性を広げる大きなきっかけになることは、間違いありません。

「プログラミング的思考」とは、物事の考え方や手順を身に付けること

＊IT業界にとどまらない「普遍的な力」を身に付ける

◉必修化の理由② プログラミング的思考の育成

プログラミング教育の導入は、プログラマー不足に応えるものです。しかし、「プログラマーの育成」は、直接的な目的ではありません。

もちろん、プログラミング教育に取り組むことで、プログラミング言語を覚えたり、プログラミングの技能を習得したりする人は増えるでしょう。

しかし、それ自体を狙いとしているわけではなく、もっと重要な目的があります。そ

れは、**「プログラミング的思考を育成すること」**です。

コンピューターを動かすための**プログラムを書く能力ではなく、**プログラミングを学ぶ過程で得られる**「考える力」を伸ばすことが最大の目的です。**

文部科学省の「小学校段階におけるプログラミング教育の在り方について」（議論の取りまとめ）という資料には、

「プログラミング教育とは、子どもたちに、コンピューターに意図した処理を行うよう指示することができるということを体験させながら、将来どのような職業に就くとしても、時代を超えて普遍的に求められる力としての『プログラミング的思考』などを育むことであり、コーディング（プログラミング言語を用いた記述方法）を覚えることが目的ではない」（小学校段階における論理的思考力や創造性、問題解決能力等の育成とプログラミング教育に関する有識者会議）

と記されていて、プログラミングスキルの習得以上に、「職業・職種を問わず、常に求められる力」（＝プログラミング的思考）を育むための教育として位置付けています。

では、プログラミング教育によって育まれる「プログラミング的思考」とは何かというと、同資料には、次のように説明されています。

「プログラミング的思考とは、自分が意図する一連の活動を実現するために、どのような動きの組み合せが必要であり、ひとつひとつの動きに対応した記号を、どのように組み合わせたらいいのか、記号の組合せをどのように改善していけば、より意図した活動に近づくのか、といったことを論理的に考えていく力」（参照：文部科学省「小学校段階におけるプログラミング教育の在り方について」）

わかりやすく説明すると、

「『こうしたい』という結果を実現するために、『何を、どのような順番で組み合わせればいいか』を考える力」

のことです。コンピューターに自分が望む動作をさせるためには、

①コンピューターにやってもらいたい動きを決める
②その動きを実現するためには、どの記号をどのように組み合わせればいいのかを考える
③実際にプログラムを書く（プログラミングする）
④コンピューターを動かしてみる
⑤不具合があれば、その原因を考える
⑥プログラムを修正する

プログラミング教育でこうしたプロセスを学習することにより、物事を論理的に考えたり、目的を達成するための手順を明確に描いたり、知識や情報を整理したりする力が身に付きます（プログラミングで身に付く力については、第2章で詳述します）。

「どのようなプログラミングをすればよいか」

「なぜ動かないのか」

「どうすれば動くようになるのか」

といったことを試行錯誤することによって、**「自分の頭で考える力」**が育まれるのです。

プログラミング教育とは、「考える力」を育む教育

＊「プロスタキッズ」に通った子どもは、どう変わったか？

文部科学省は、プログラミングに関する学習の事例を集めた「プログラミング教育実践ガイド」を発表しています。

このガイドの中には、プログラミング教育が子どもたちにもたらした影響について、次のように述べられています。

・物事を論理的に説明できるようになった

- **物事の手順や効率を意識して考えられるようになった**
- **大きな課題を小さな課題に分解して理解できるようになった**
- **ミスを受け入れられるようになった。間違いを恐れなくなった**
- **自ら修正を重ねてつくり上げていく姿勢が見られるようになった**
- **つくる側での立場で考えられるようになった　など**

（参照：文部科学省 平成26年度プログラミング教育実践ガイド「プログラミング教育を通した児童生徒の学びの変容」）

国全体として、「ＩＴ技術者、プログラマーを育てる」といった狙いもありますが、プログラミング教育が注目されているいちばんの理由は、プログラミングを経験することで、**「問題発見力」「問題解決力」「論理的思考力」「表現力」**といった**「考える力」**を育むことができるからです。

「プロスタキッズ」に生徒を預けてくださっている保護者の多くが、「子どもの『考える力』を伸ばしたい」と考えています。そして、カリキュラムが進むにしたがって、プログラミングの教育的な効果を実感されています。

【保護者に聞いた教育前とあとの子どもの変化】

「以前は集中力がまったくありませんでしたが、今は、以前と比べると、**机に向かっていられる時間が長くなってきました**」（2年生・A子さん）

「質問する内容に変化があります。『わからないから教えてほしい』と聞くのではなく、『こうしたいのだけど、どうしたらいいか』『どうしたら、このような答えになるのか』と、**自主的な質問に変わってきた**気がします」（3年生・Mくん）

「帰宅後の宿題を進んでするようになりました。先に宿題を終わらせたほうが、**自分の時間がつくれることがわかってきた**ようです」（3年生・Tくん）

「**目標から逆算して時間を使える**ようになりました。夕方からスイミングスクールがあるときは、何時まで友だちと遊んで、何時に片付けて、何時に準備して、何時に出発すれば間に合うか、時計を見ながら自分で計算できるようになっています」（2年生・Y子さん）

「『プロスタキッズ』に通いはじめた当初は、思い通りにプログラムが組めなかったときによく癇癪《かんしゃく》を起こしていたが、今では、**『どうして動かないのか』を冷静に考え、やり直すことができるようになりました**」（4年生・Nくん）

今後の国際化社会の中では、「自分の考えや意見を論理的に述べて問題を解決していく力」が求められると私は考えています。

「**考える力**」は、IT関連業界にとどまらず、日常生活や仕事のあらゆる場面で役立つ力です。

プログラミングは、物理、数学、医学、金融、映画、音楽など、さまざまな分野に応用できることがわかっています。

ということは、**「プログラミングを理解すること=世の中のしくみを理解すること」と同義**です。

プログラミング教育は、小学生版の「STEM教育」である

＊プログラミング教育の必修化は、世界のトレンド

世界に目を向けても、イギリス（イングランド）、オーストラリア、フィンランド、韓国などでもプログラミング教育の必修化が進んでいます。

とくにプログラミング教育に積極的なのが、イスラエルです。

イスラエルは他国に先駆け、２０００年より高校のプログラミング教育を必修化し、その結果として、ＩＴ先進国へと変貌を遂げています。

世界と比べると、日本はまだ試験的な段階といえるかもしれません。ですが今後は「読み書きや計算と同じように、プログラミングも一般教養として必要」という気運が高まっていくのではないでしょうか。

日本の小学校に相当する初等教育において、プログラミング教育が必修になっている国は以下の5カ国です。

- **ハンガリー**
- **ロシア**
- **イギリス（イングランド）**
- **オーストラリア**
- **フィンランド**

初等教育でプログラミング教育が必修化されている国

国	必修化時期	内容
ハンガリー	2003年	アルゴリズムなど
ロシア	2009年	アルゴリズムなど
イギリス （イングランド）	2014年	アルゴリズム、 プログラム作成、 デバッグなど
オーストラリア	2015年 （一部州、2017年より全州）	ビジュアルプログラミング
フィンランド	2016年	ビジュアルプログラミング
日本	2020年	？？？

※文部科学省「諸外国におけるプログラミング教育に関する調査研究」（2015年）等をもとに作成。
ICT教育のみや、選択教科、学校裁量で実施されている国は除く。

**日本では既存の教科の中で実践。
具体的なカリキュラムは各学校の判断で
実施される（155ページ参照）**

＊なぜ、「ＳＴＥＭ教育」が必要なのか

アメリカでは、ハイテク分野の成長が、国際競争力に直結すると考えられています。
そこで、

- **科学（Science）**
- **技術（Technology）**
- **工学（Engineering）**
- **数学（Mathematics）**

の４つの理数系教育に力を入れ、科学技術やビジネスの国際競争力が高い人材を育成しようとしています。

科学、技術、工学、数学の学問領域を個別に学ぶのではなく、それぞれを関連付け、横断的、体系的に学ぶ教育のことを

「STEM《ステム》教育」と呼んでいます（ＳＴＥＭ：Science／Technology／Engineering／Mathematicsの頭文字を取った理数系教育の総称）。

第１次産業革命をもたらした「蒸気エンジン」を例にとってみても、４つの領域が密接に関連していることがわかります。

- **水を熱すれば蒸気になる（科学／Science）**
- **どれくらいの水量に、どれくらいの熱量を加えれば、どれくらいの蒸気圧になるかを算出する（数学／Mathematics）**
- **蒸気をエネルギーとして取り出す方法を検証する（技術／Technology）**
- **蒸気をエネルギー化する装置を開発する（工学／Engineering）**

ＳＴＥＭ教育は、アメリカのオバマ政権において、官民連携の国家戦略として進められました。将来、社会に出る子どもたちが、ハイテク分野の世界でリーダーとして活躍することを目的とした教育です。

理工系に進む学生にしか関係がないと思われがちですが、そうではありません。

STEM教育の本質は、知識を習得することではなく、**「知識を活用する力を育成する」**ことです。

4領域の教育を通して、自分の知識を組み合わせて問題を解決する力（問題解決力）と、物事を整然と、筋道を立てて考える力（論理的思考力）を学ぶことが目的です。

✻STEM教育は、日本でも取り入れられている

日本の教育分野でも、2002年から「スーパーサイエンスハイスクール」（科学技術や理科・数学教育を重点的に行う高校を指定する制度）が開始されるなど、STEM教育への関心が高まっています（「プロスタキッズ」のカリキュラムは、一部の「スーパーサイエンスハイスクール」に提供されています）。

総務省でプログラミング教育を進める担当者は、プログラミング教育の必要性について、

「これからの世の中は人工知能やロボットが発達し、人間が担ってきた仕事が取って代わられていく。人工知能やロボットとうまく共存していくためにも、それらを動かす基本的な原理であるプログラミングを学ぶ必要がある」

と説明しています（参照：ＮＨＫ・Ｅテレ『ウワサの保護者会』ホームページ）。

２０２０年のプログラミング教育の必修化は、**ＳＴＥＭ教育を小学校向けに噛み砕いたもの**です。

プログラミングは、Ｅ領域（エンジニアリング）のスキルとして不可欠であり、ＳＴＥＭ教育の核をなすひとつと言えます。

第2章

プログラミングで身に付く「7つの才能」

【7つの才能①】目標設計／設定力（目的意識）

目標から逆算して考える力が付く

＊プログラミングで身に付くのは、論理的思考力だけではない

「プロスタキッズ」を開講し、子どもたちの成長、変化を観察してわかったことがあります。それは、プログラミングを学ぶことで、「論理的思考力」以外にも、さまざまな才能が開花する、ということです。

文部科学省が求めている「プログラミング的思考の習得」はもとより、情操《じょうそう》教育（心を豊かにする教育）にも貢献しているのは明らかです。

プログラミングは、スキル面だけでなく、「人としての成長」が期待できる教育であ

ると実感しています。

私は、プログラミングを通して、次の「7つ」の才能が育ち、磨かれ、伸びていくと考えています。

【プログラミング教育で身に付く7つの才能】

①目標設計／設定力（目的意識）……目標から逆算して、物事のプロセスを考える力

②論理的思考力……矛盾なく、筋道を立てて考える力

③数学的思考力……数字、式、図、グラフ、図形を用いて考える力

④問題解決力（問題発見力）……問題点を洗い出し、リカバリーする力

⑤クリエイティブ力……頭の中のイメージを具現化・視覚化する力

⑥実行力（主体性）……主体的に、自ら進んで取り組む力

⑦文章読解力……情報を正しく処理、操作（受信、発信）する力

順に紹介をしていきましょう。

＊学校の勉強がつまらないのは「目的」があいまいだから

では最初に「目標設計／設定力」（目的意識）から説明します。

プログラミングは、他の教科よりも、**「何のために勉強するのか（何のためにプログラミングをするのか）」という目的が明確**です。

私は子どものころ、漢字、算数の公式、英語の構文、歴史の年号、理科の化学式などを覚えるのが苦手でした。

なぜなら、「何のために覚えなければならないのか」「それをいつ、どのように使うのか」「本当にそれが役に立つのか」がわからなかったからです。

「漢字を学ぶことは日本語を学ぶことであり、それは、すべての教科の理解にもつながる」という先生の言い分も、大人になった今では、わからなくもない。とはいえ、「では、何個、漢字を覚えればいいのか」「どれだけ漢字を覚えれば、国語力が付いたといえるのか」が明確になっていないので、先生の言い分はとても抽象的です。

当時の私は、「こんな漢字、大人になってからも絶対に使わない」「漢字で書かなくても、ひらがなで書けばいい」「書き順に何の意味があるのかわからない」と本気で思っていました。目的・目標があいまいなまま勉強をしていたせいで、勉強に身が入らず、結果もなかなかついてきませんでした。

一方、私は、図工、技術・家庭、美術の時間が大好きでした。「こういうものをつくりたい」「こういう絵を描きたい」という目標が明確だったからです。

工作道具の使い方を覚えるのも、絵の描き方を覚えるのも苦ではなく、楽しいものでした。なぜなら、「覚えること＝目的」ではなく、**「覚えること＝手段」**だったからです。

頭の中のイメージを作品として具現化する（アウトプットする）という目標があったから、そして、それが自分のやりたいことだったから、「学ぶこと」「覚えること」を楽しめたのです。

＊目標は、行動の源泉である

イチロー選手（野球）、本田圭佑選手（サッカー）、石川遼プロ（ゴルフ）の小学校時代の作文を読むと、3人とも、子どものときから、**「未来の目標」（いつ、どこで、どうなっているのか）を明確にイメージしている**ことがわかります。

そして、明確な目標を描いたあとで、「その目標を達成するために、どんなプロセスを踏まないといけないのか？」「そのプロセスのために、今、何をしなければいけないのか？」を考えています。

また、投打の二刀流で話題の大谷翔平選手（野球）も、夢を叶えるため、高校1年生時（花巻東高校）に「目標達成シート」を作成し、「8球団からドラ1《イチ》指名を受ける」という目標を掲げ、「実現するにはどうしたらいいか」「何が必要か」を考えています。

イチロー選手の目標設定

僕の夢

僕の夢は一流のプロ野球選手になることです。そのためには、中学、高校と全国大会へ出て活躍しなければなりません。活躍できるようになるには練習が必要です。僕は三歳の時から練習を始めています。三歳から七歳までは、半年くらいやっていましたが、三年生の時から今までは三百六十五日中三百六十日は激しい練習をやっています。

だから、一週間中で友達と遊べる時間は、五、六時間です。そんなに練習をやっているのだから、必ずプロ野球の選手になれると思います。そして、その球団は、中日ドラゴンズか、西武ライオンズです。ドラフト入団で契約金は、一億円以上が目標です。僕が自信のあるのは、投手か打撃です。
（中略）

そして、僕が一流の選手になって試合に出られるようになったら、お世話になった人に招待券を配って、応援してもらうのも夢の一つです。

とにかく一番大きな夢は、野球選手になることです。

鈴木一朗

※小学校時代の卒業文集より

本田圭佑選手の目標設定

将来の夢

本田圭佑

　ぼくは大人になったら、世界一のサッカー選手になりたいと言うよりなる。

　世界一になるには、世界一練習しないとダメだ。だから、今、ぼくはガンバッている。今はヘタだけれどガンバッて必ず世界一になる。

　そして、世界一になったら、大金持ちになって親孝行する。

　Wカップで有名になって、ぼくは外国から呼ばれてヨーロッパのセリエAに入団します。そしてレギュラーになって10番で活躍します。一年間の給料は40億円はほしいです。プーマとけいやくしてスパイクやジャンバーを作り、世界中の人がこのぼくが作ったスパイクやジャンバーを買って行ってくれることを夢みている。

　一方、世界中のみんなが注目し、世界中で一番さわぐ4年に一度のWカップに出場します。セリエAで活躍しているぼくは、日本に帰りミーティングをし10番をもらってチームの看板です。ブラジルと決勝戦をし2対1でブラジルを破りたいです。この得点も兄と力を合わせ、世界の強ゴウをうまくかわし、いいパスをだし合って得点を入れることが、ぼくの夢です。

※小学校時代の卒業文集より

石川遼プロの目標設定

将来の自分

石川遼

二年後――中学二年生、日本アマチュア選手権出場。
三年後――中学三年生、日本アマチュア選手権（日本アマ）ベスト8。
四年後――高校一年生、日本アマ優勝、プロのトーナメントでも勝つ。
六年後――高校三年生、日本で一番大きいトーナメント、日本オープン優勝。
八年後――二十歳、アメリカに行って世界一大きいトーナメント、マスターズ優勝。

これを目標にしてがんばります。最後のマスターズ優勝はぼくの夢です。それも二回勝ちたいです。みんな（ライバル）の夢もぼくと同じだと思います。でも、ぼくは二回勝ちたいので、みんなの倍の練習が必要です。

みんなが一生懸命練習をしているなら、ぼくはその二倍、一生懸命練習をやらないとだめです。ぼくはプロゴルファーになって全くの無名だったら、「もっとあのときにこうしていれば……」とか後悔しないようにゴルフをやっていこうと思います。

（中略）

ぼくの将来の夢はプロゴルファーの世界一だけど、世界一強くて、世界一好かれる選手になりたいです。

※小学校時代の卒業文集より

大谷翔平選手の目標設計

体のケア	サプリメントをのむ	FSQ 90kg	インステップ改善	体幹強化	軸をぶらさない	角度をつける	上からボールをたたく	リストの強化
柔軟性	**体づくり**	RSQ 130kg	リリースポイントの安定	**コントロール**	不安をなくす	力まない	**キレ**	下半身主導
スタミナ	可動域	食事 夜7杯 朝3杯	下肢の強化	体を開かない	メンタルコントロールをする	ボールを前でリリース	回転数アップ	可動域
はっきりとした目標、目的をもつ	一喜一憂しない	頭は冷静に心は熱く	**体づくり**	**コントロール**	**キレ**	軸でまわる	下肢の強化	体重増加
ピンチに強い	**メンタル**	雰囲気に流されない	**メンタル**	**ドラ1 8球団**	**スピード 160km／h**	体幹強化	**スピード 160km／h**	肩周りの強化
波をつくらない	勝利への執念	仲間を思いやる心	**人間性**	**運**	**変化球**	可動域	ライナーキャッチボール	ピッチングを増やす
感性	愛される人間	計画性	あいさつ	ゴミ拾い	部屋そうじ	カウントボールを増やす	フォーク完成	スライダーのキレ
思いやり	**人間性**	感謝	道具を大切に使う	**運**	審判さんへの態度	遅く落差のあるカーブ	**変化球**	左打者への決め球
礼儀	信頼される人間	継続力	プラス思考	応援される人間になる	本を読む	ストレートと同じフォームで投げる	ストライクからボールに投げるコントロール	奥行きをイメージ

※FSQ、RSQは筋トレ用のマシン
※高校1年時の目標達成シートより

目標は、行動の源泉です。彼らが「夢」を叶えることができたのは、「最初に目標を具体的に設定し、その達成に向けて適切に行動してきた」からだと私は思います。

✻「自分が何をしたいのか」がプログラミングの出発点

プログラミングは、「自分のやりたいこと」を実現するためのスキルです。コーディングを覚えることが目標（目的）ではなく、「何かをつくり、動かす」ことが目標です。

ですから、プログラミングをはじめる前に、

「自分が何をつくりたいか」
「コンピューターに何をやらせたいのか」

を考えることが先決です。

そもそもプログラミングとは、さまざまな「命令」を組み合わせて、コンピューターに実行させることです。

したがって、「コンピューターに何をさせたいのか」が決まっていなければ、命令を与えることはできません。

「プロスタキッズ」では、カリキュラムの最初（オリエンテーション）に、「どんなことをしてみたいか」という「目標（ゴール）」を子どもたちに設定してもらっています。といっても、ほとんどの子どもは、何をしていいのかわからない状態ですから、「アイディアシート」（次ページ以降参照）を使って、教室のスタッフと一緒に考えていきます。こちらから「こうする、ああする」と一方的に目標や課題を与えるのではなく、子どもの「やりたいこと」「好きなこと」を出発点にして、目標を設定するようにしています。

「プロスタキッズ」の生徒、虎之助くん（4年生）は、「スマホゲーム」をつくることが、プログラミングを学ぶ最終的な目標（ゴール）であり、その目標への最初の一歩が、「ヘビと人間がたたかうゲーム」をつくることです。

アイディアシートで目標を設計／設定する①

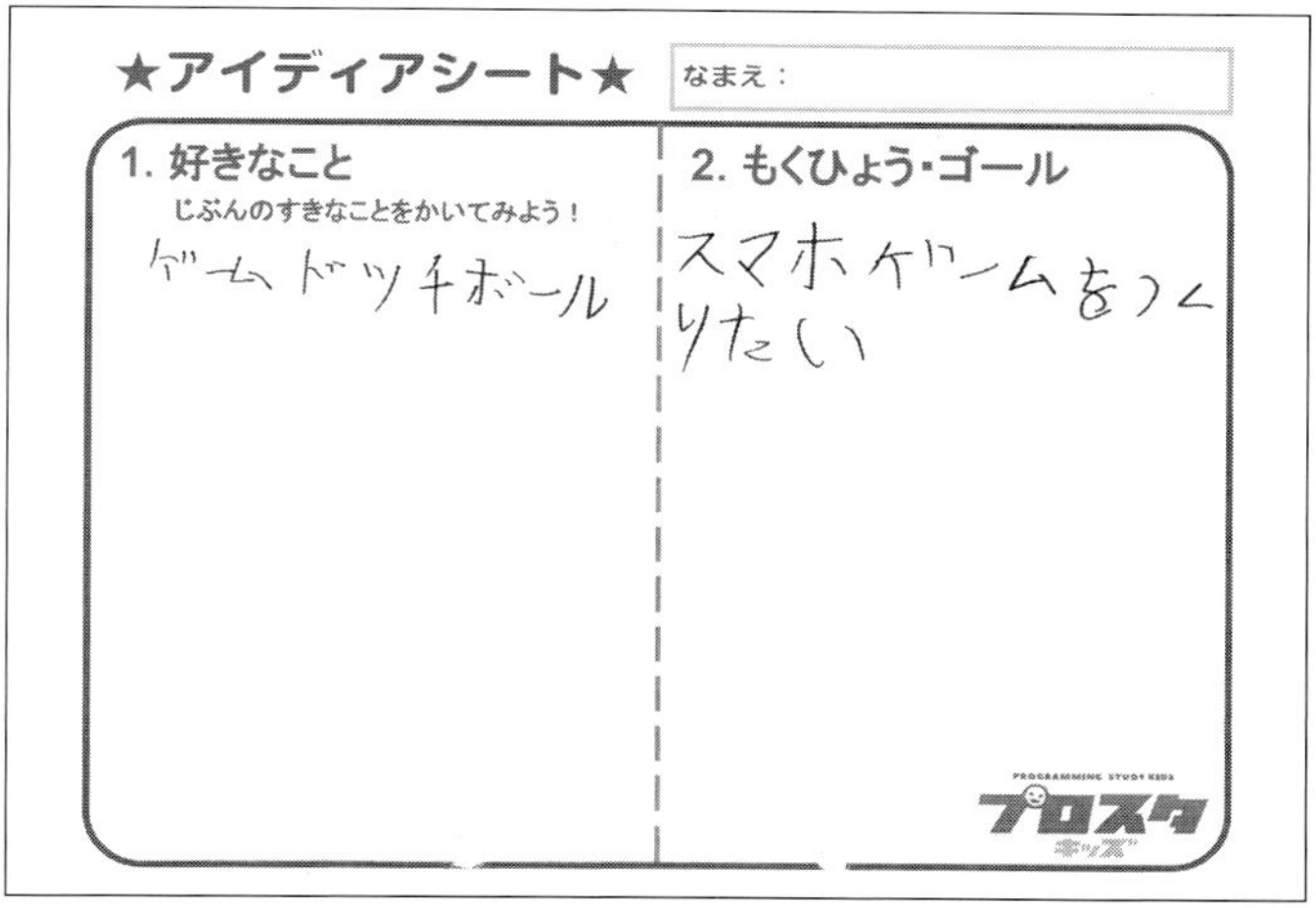

★アイディアシート★

なまえ：

1. 好きなこと

じぶんのすきなことをかいてみよう！

ゲームドッチボール

2. もくひょう・ゴール

スマホゲームをつくりたい

PROGRAMMING STUDY KIDS プロスタキッズ

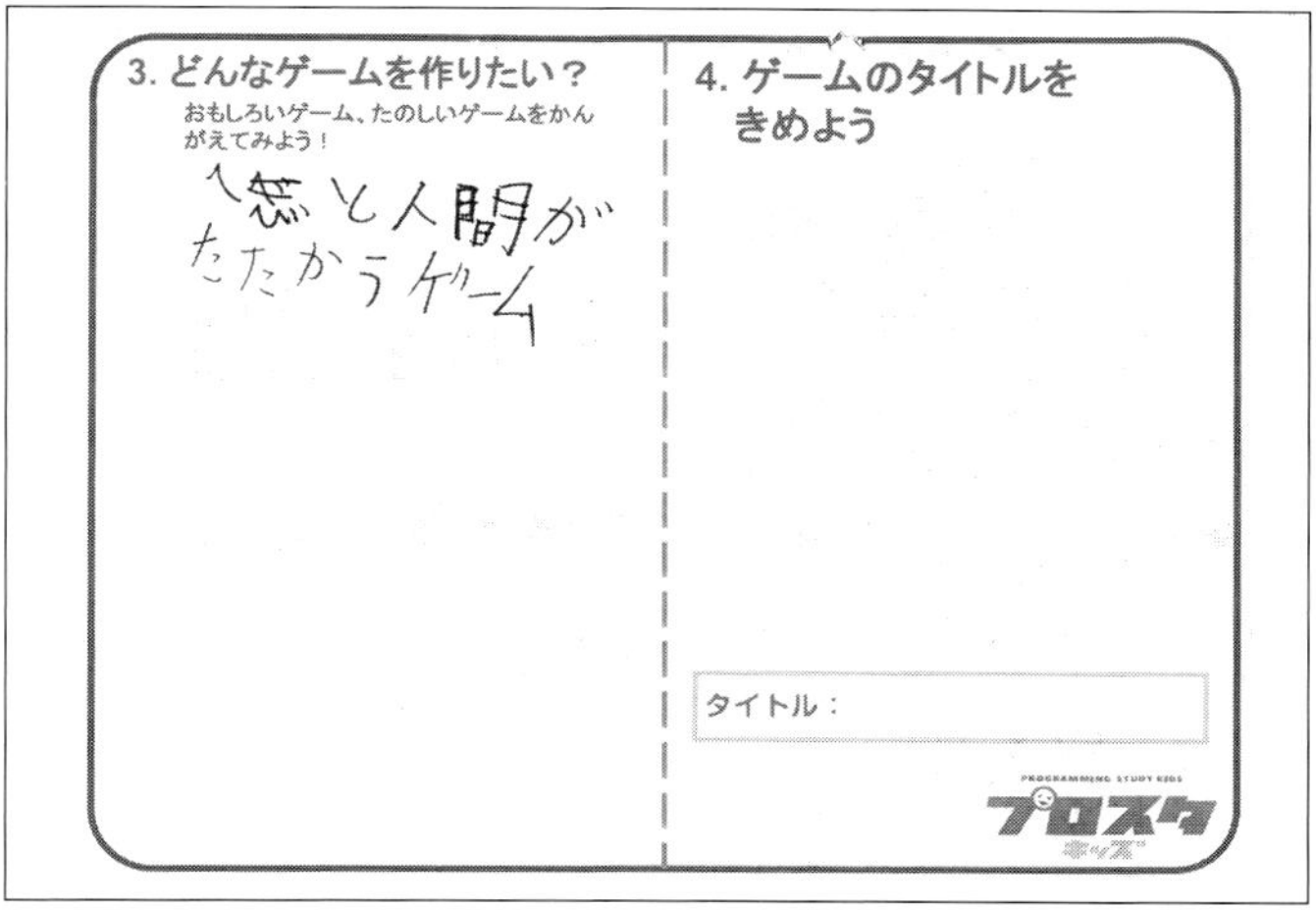

3. どんなゲームを作りたい？

おもしろいゲーム、たのしいゲームをかんがえてみよう！

悪と人間がたたかうゲーム

4. ゲームのタイトルをきめよう

タイトル：

PROGRAMMING STUDY KIDS プロスタキッズ

アイディアシートで目標を設計／設定する②

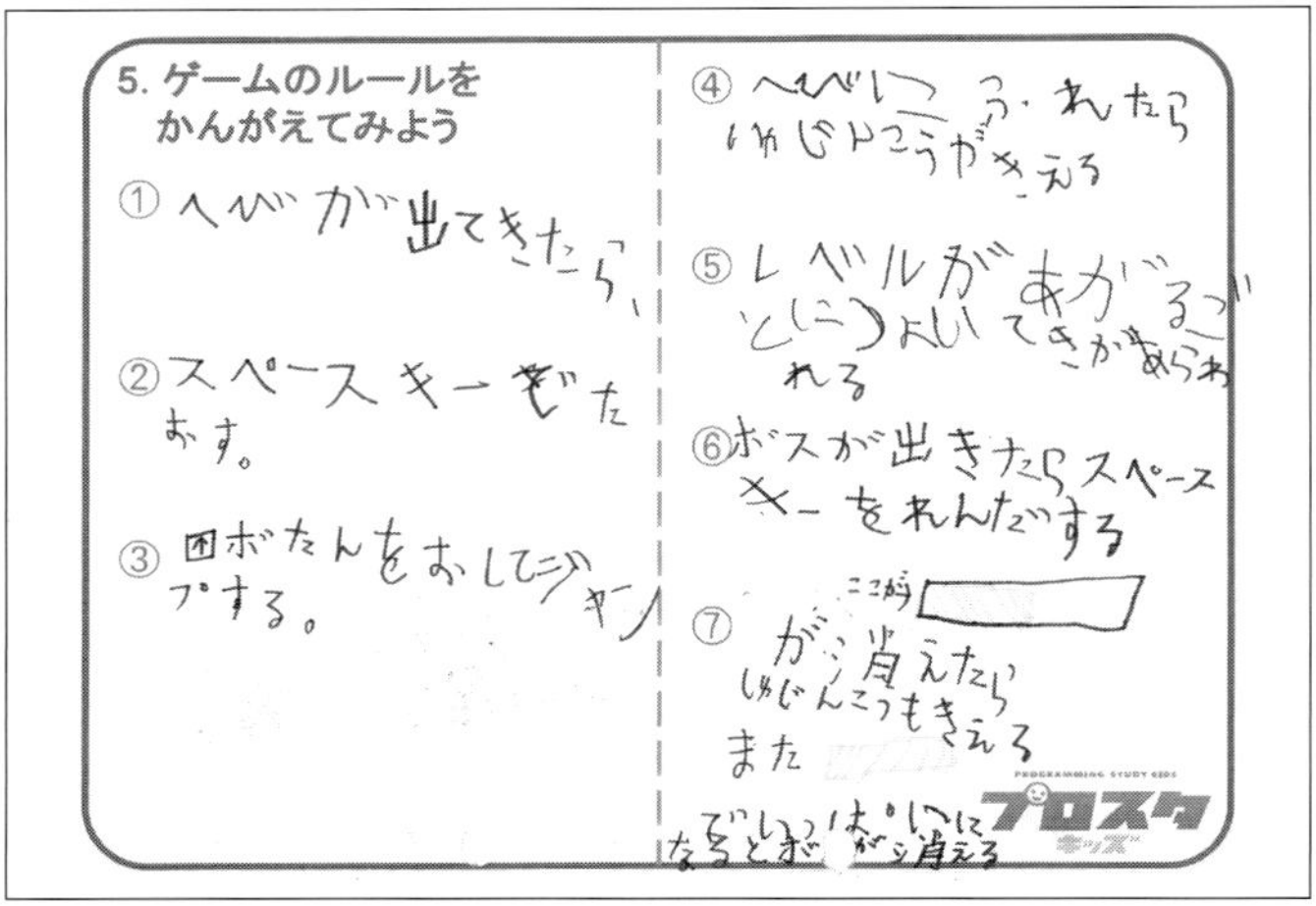

アイディアシートで目標を設計／設定する③

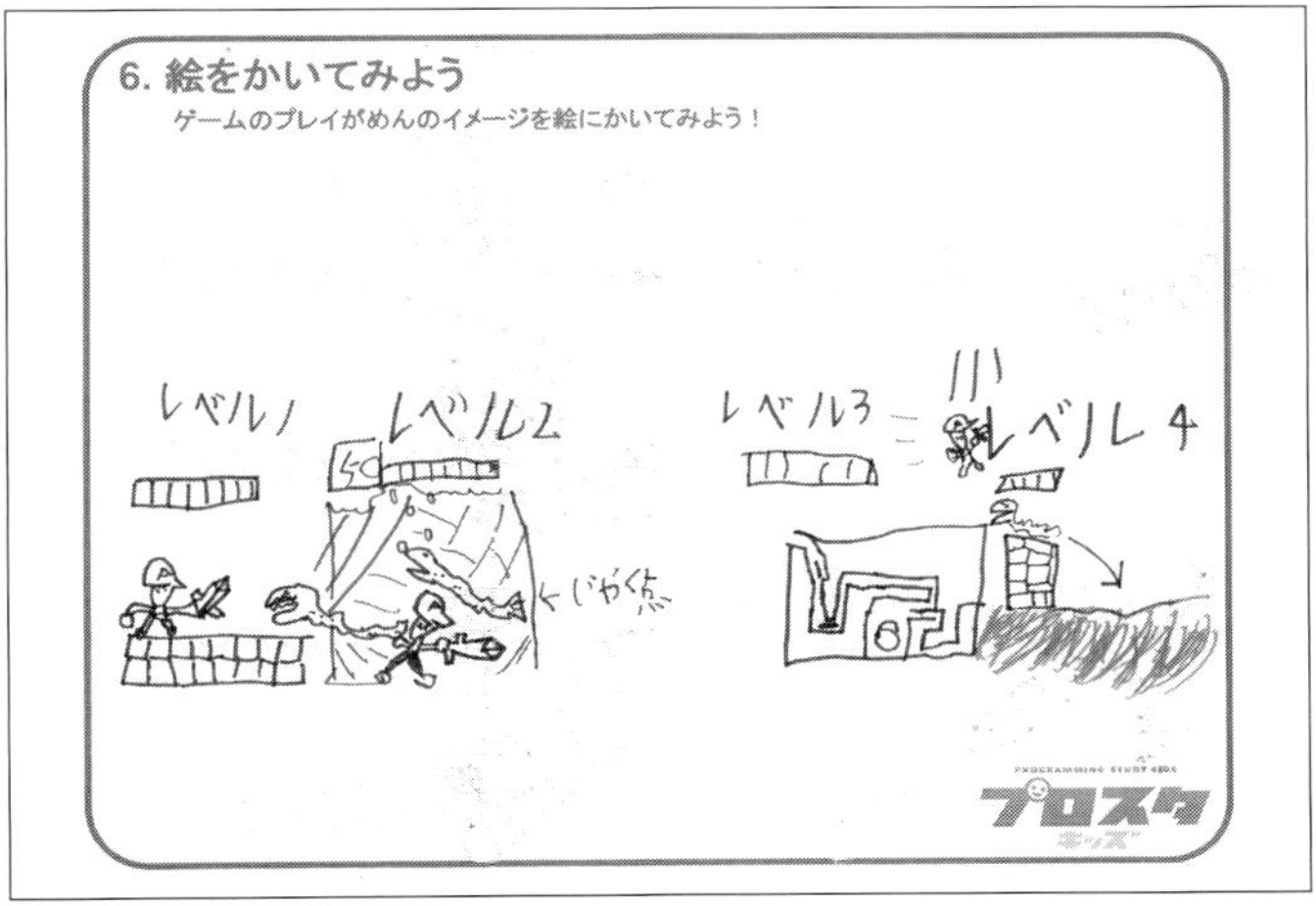

6. 絵をかいてみよう

ゲームのプレイがめんのイメージを絵にかいてみよう！

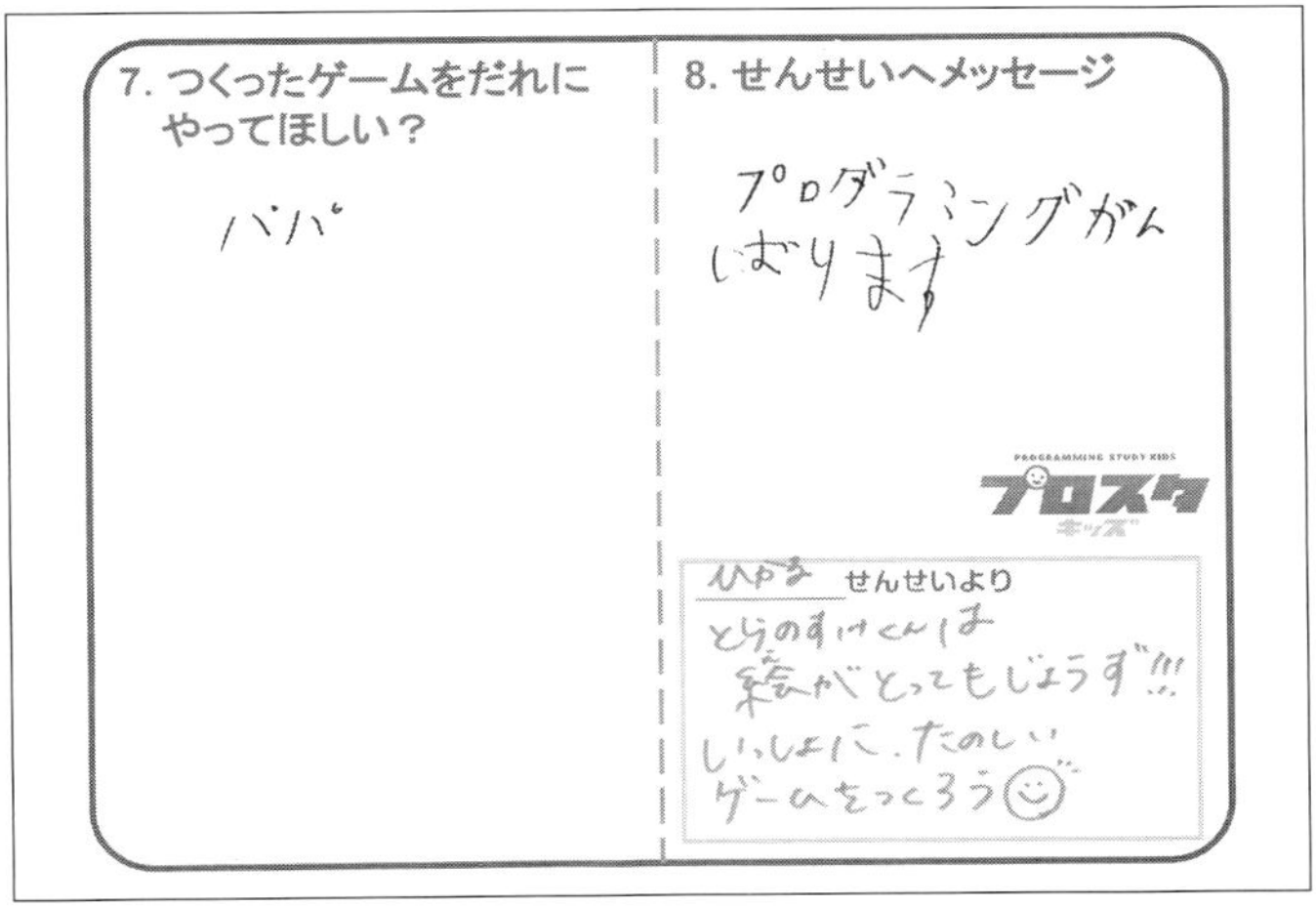

7. つくったゲームをだれにやってほしい？

パパ

8. せんせいへメッセージ

プログラミングがんばります

PROGRAMMING STUDY KIDS
プロスタ
キッズ

ひかる せんせいより

とらのすけくんは
絵がとってもじょうず!!!
いっしょに、たのしい
ゲームをつくろう

もうひとつ事例を紹介しましょう。

「プロスタキッズ」に通う天風《てんぷう》くん（2年生）は、「みんなを元気にさせる。みんなをえがおにさせる。」ために、ゲームをつくりたいと考えています。

天風くんは、おじいちゃんが大好きです。病気で入院しているおじいちゃんに元気になってもらうため、「おれがびょうきをたおす」という「びょうきをやっつけるゲーム」をつくろうとしています。

＊目標から逆算して考える習慣を身に付ける

「ヘビと人間がたたかうゲーム」「びょうきをやっつけるゲーム」をつくるという目標が決まると、その目標から逆算をして、

「どのようなルールが必要か」

「そのルールを実行するために、どのようなプログラムをつくればいいのか（命令のブロックを組み合わせればいいか）」

アイディアシートで目標を設計／設定する①

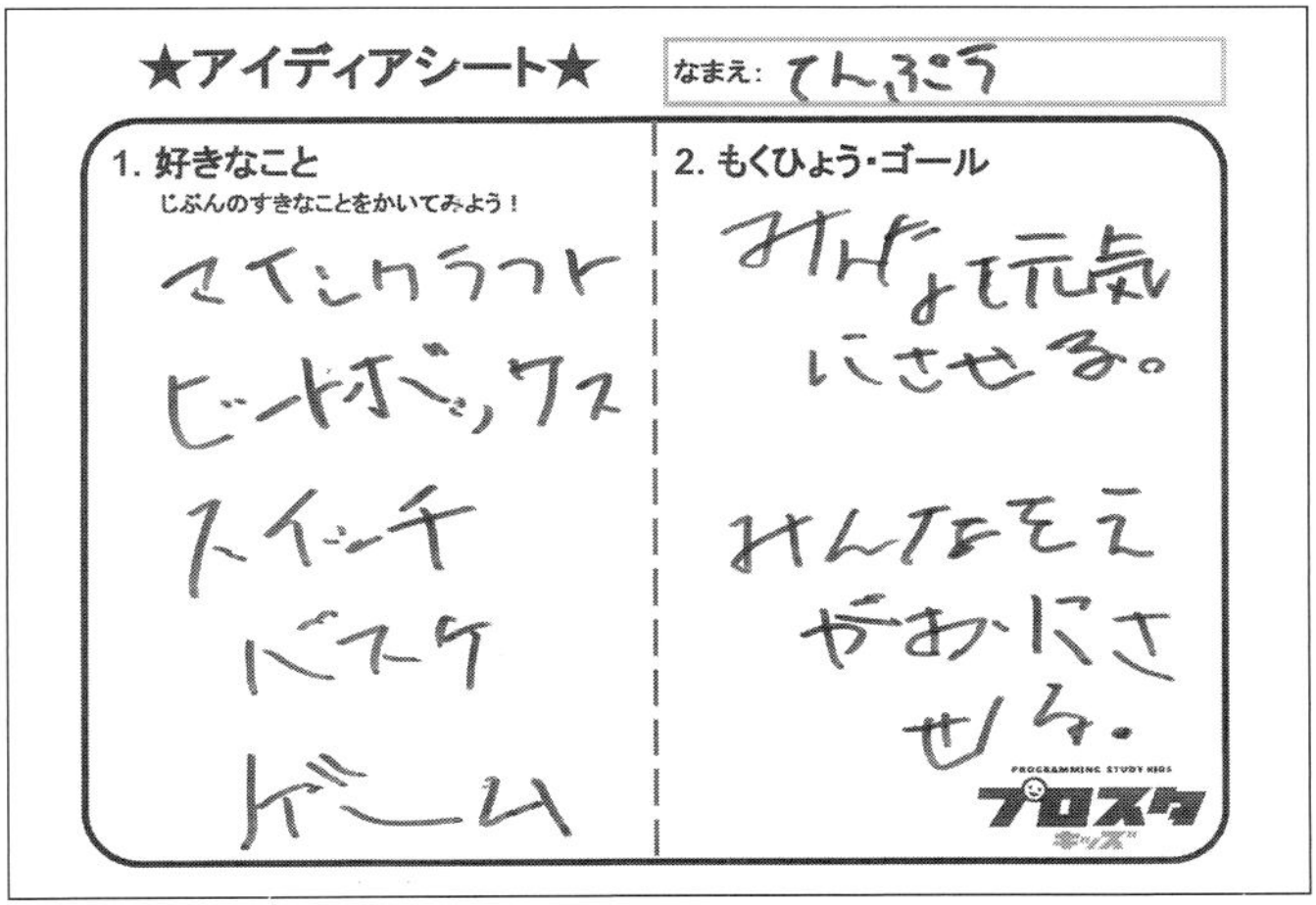

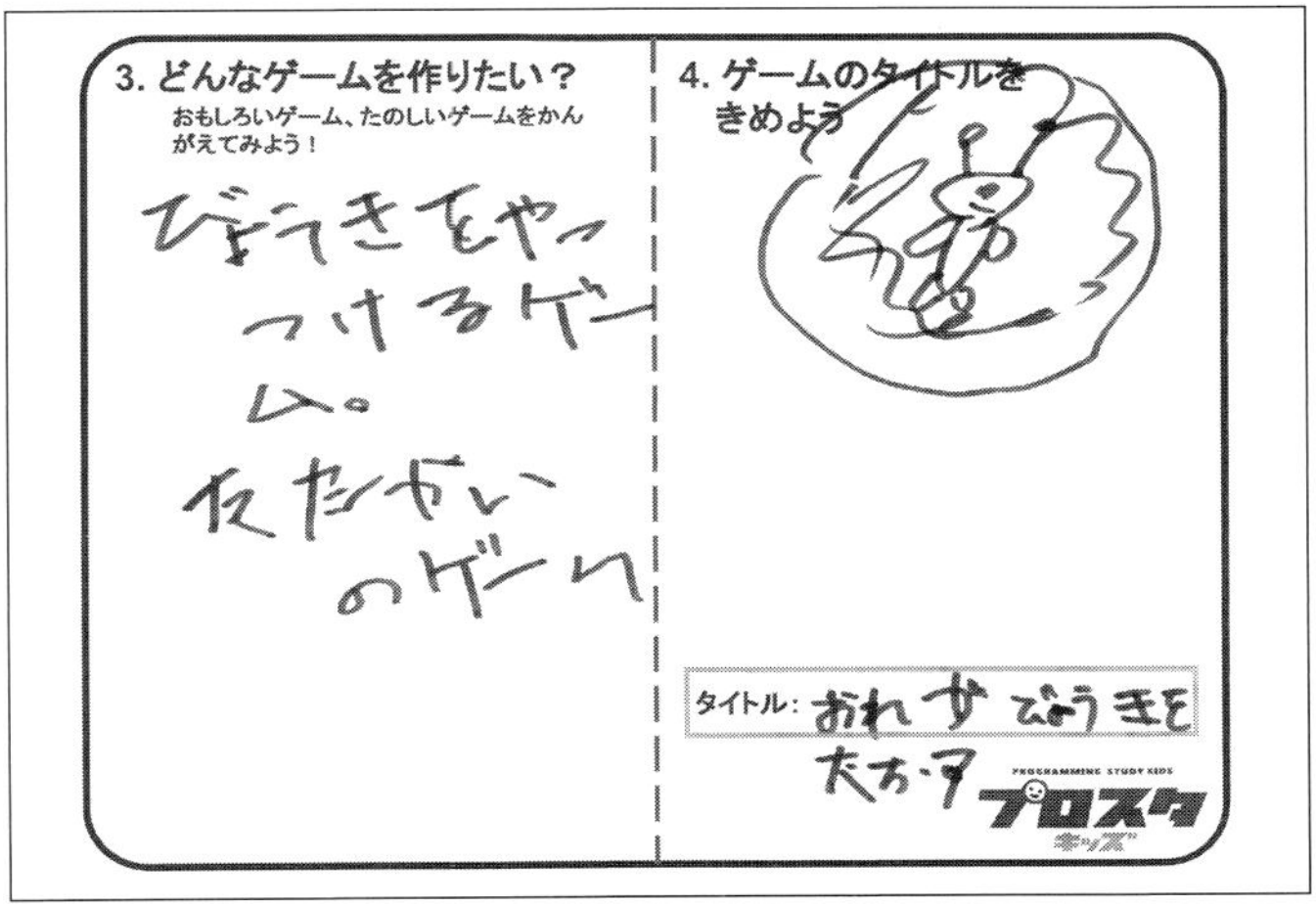

アイディアシートで目標を設計／設定する②

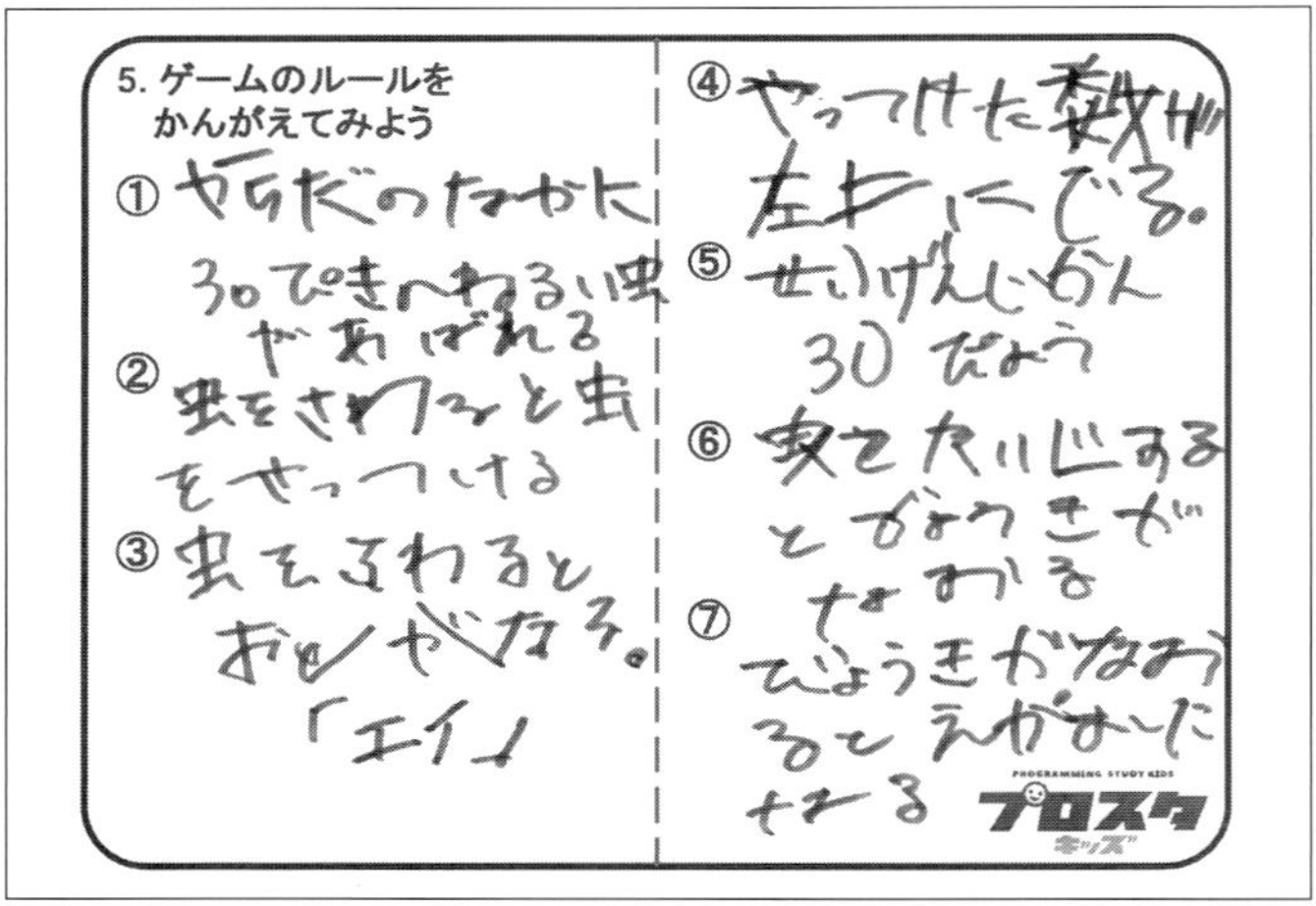

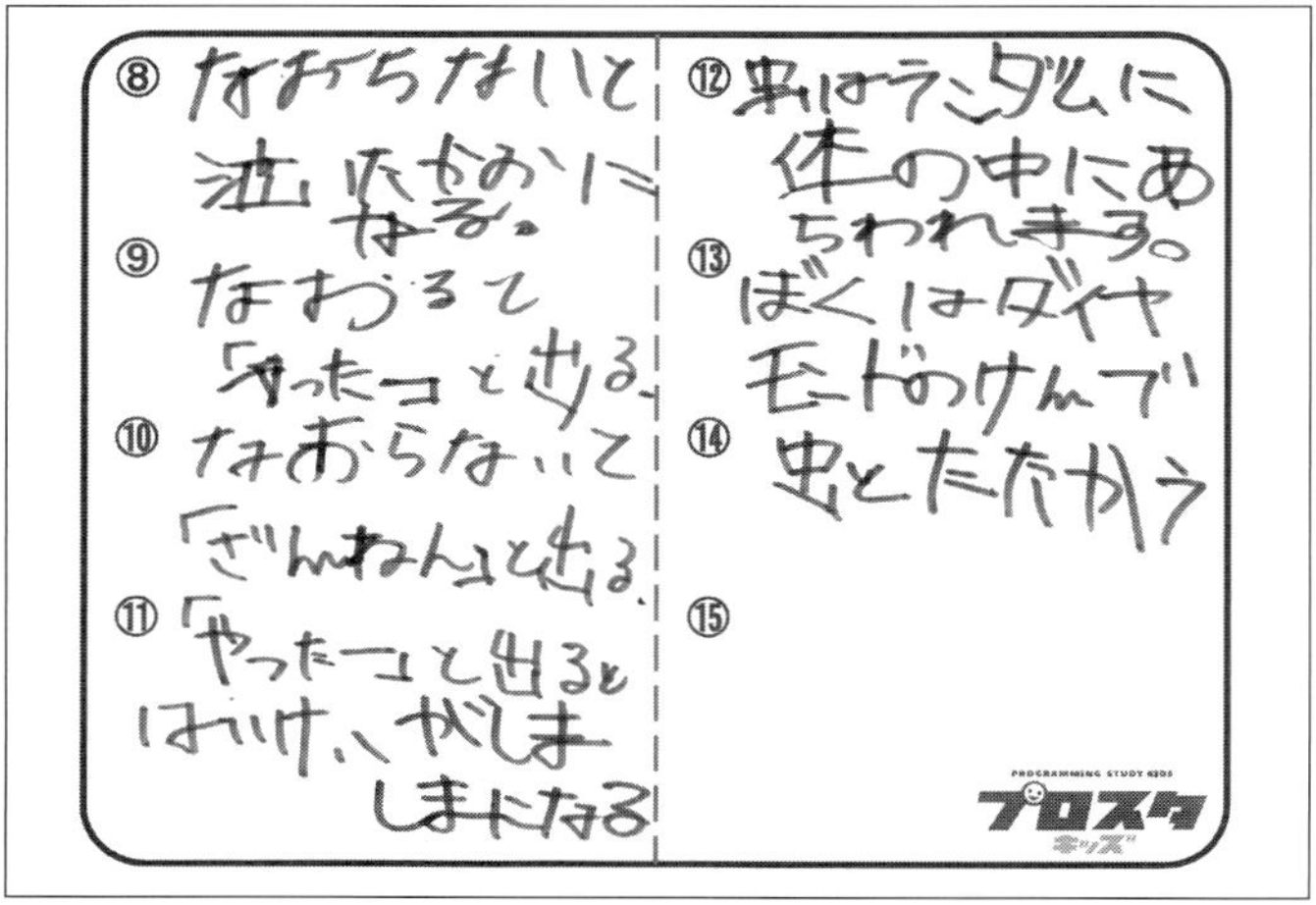

アイディアシートで目標を設計／設定する③

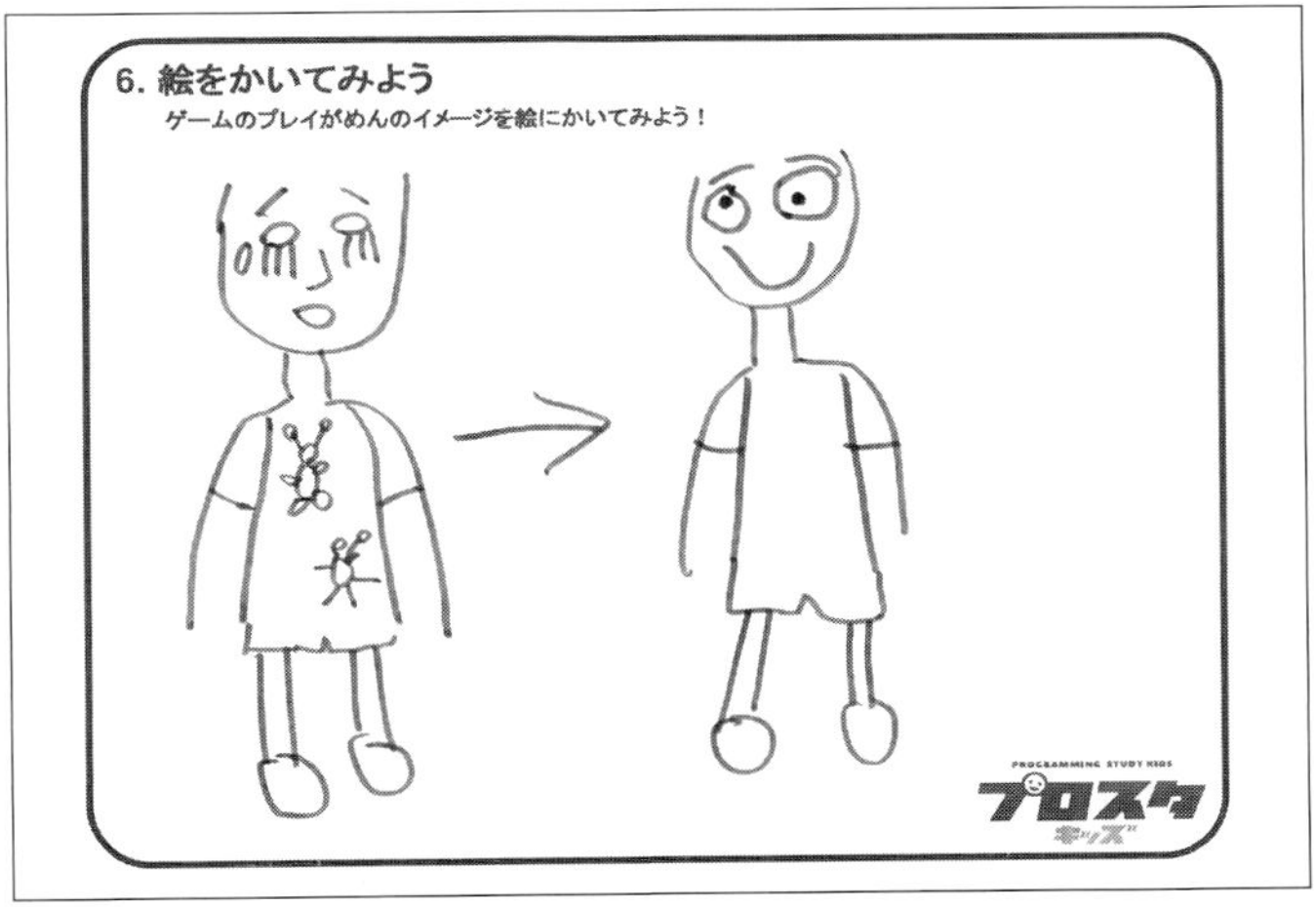

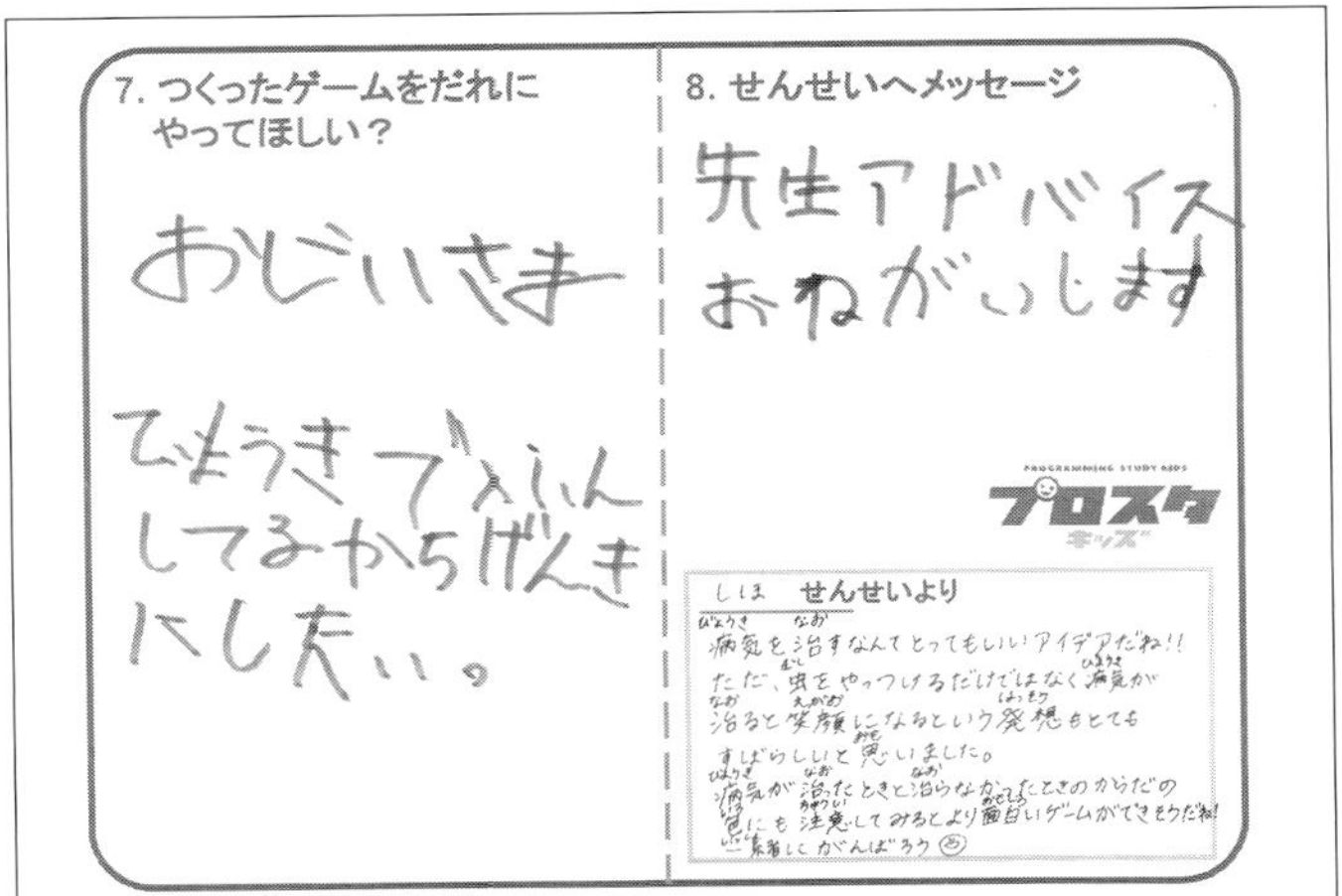

「どのようなビジュアルにするか」

といったプロセスの設計が可能になります。

まず目標を決め、それを実現するための最善手を逆算して考えるのが、プログラミングの手順です。

「やりたいこと」（目標、ゴール）が決まっているから、「やるべきこと」（プロセス）が明確になるわけです。

仕事でも、勉強でも、何かをはじめるときは、最初に目標を決めるべきです。最終的な目的地がわからなければ、向かっている方向が正しいのかどうかを判断することはできません。

また、ゴールが不明確のまま、言われたこと、目の前のことを順番に行っていくだけでは、結果として、「言われたことしかできない人間」になってしまいます。

プログラミングは、常に、「自分が何をつくりたいのか」「何をしたいか」「コンピューターにどのような動きをさせたいのか」を最初に設定します。

「プロスタキッズ」に通う萌《もえ》ちゃん（3年生）は、優しい性格で競争心を持つことがあまりなかったのですが、プログラミングをするようになってから、塾の計算のテストで1位をとるという目標を立て、間違った箇所を何度も復習するなど、目的意識を持って勉強に取り組むように変わったと言います。

プログラミングによって、**子どもが「自分自身で目標を決める力」と、「目標を達成する方法を考える力」を育むことができます。**

【7つの才能②】論理的思考力

「論理的思考力」とは、「筋道を立てて考える力」のこと

＊先が見えない時代に必要なのは、論理的に判断する力

子どもたちが将来就くことになる「職業」については、技術革新などの影響により、大きく変化することが予測されています。

アメリカ・デューク大学の研究者であるキャシー・デビッドソン教授は、**「2011年度にアメリカの小学校に入学した子どもたちの『65%』は、大学卒業時に今は存在していない職業に就くだろう」**と予測しています。

また、オックスフォード大学で人工知能の研究を行っているマイケル・A・オズボ

ーン准教授は、『雇用の未来―コンピューター化によって仕事は失われるのか』という論文の中で、**「あと10~20年程度で、アメリカの総雇用者の約47%の仕事が自動化される」**という結論に至っています。**2045年には、人工知能が人類の知能を超える転換点「シンギュラリティ」に到達する**という指摘もあります（参照：文部科学省ホームページ）。

子どもたちの未来は、先行き不透明です。未来は、どうなるかわからない。急速な情報化や技術革新は、私たちの生活を質的にも変化させつつあります。

私は、将来の変化を予測することが困難な時代だからこそ、「論理的思考力」が必要であると考えています。**論理的に考えることができれば、時代がどのように変わっても、物事の本質を読み解くことができ、時代についていくことができる**からです。

＊プログラミングをすることで、整理・分析する力が身に付く

論理学を体系化したのは、古代ギリシアの哲学者、アリストテレスだと言われています。アリストテレスの「三段論法」（2つの前提から結論を導き出す思考法）は、論理的思考の代表的な手法です。

【三段論法の例】

- **大前提：すべての人間は必ず死ぬ。**
- **小前提：ソクラテスは人間である。**
- **結論：だから、ソクラテスは死ぬ。**

「論理」とは、わかりやすく言うと、「物事の道筋」のこと。「論理的思考力」とは、「物事の筋道を立てて考える力」のことです。このソクラテスの例に、論理的な破綻《はたん》はありません。

論理的思考力が身に付くと、複雑な物事を整理・分析して因果関係を解きほぐし、結論までの道筋を、矛盾なく示すことが可能です。

【論理的思考のメリット】

・的確な表現ができる

目的や場面、状況に応じて的確に話したり、聞いたり、書いたりすることができるようになります。

・説得力のある提案ができる

論理的に整合性が取れた提案には、漏れ、抜け、重複などがありません。内容に一貫性があるため、提案に説得力を持たせることができます。

・誤った情報を判断できる

論理的に考えることができると、情報の矛盾を見分けられるので、誤った情報に踊らされる危険性を回避できます。

また、情報の真偽だけでなく、情報の発信者が「どのような意図を持ってその情報を流しているのか」を見極めることもできます。AというメディアとBというメディアが正反対の情報を発信していたとき、「なぜ、そうした違いが出たのか」を分析することで、情報に振り回されることがなくなります。

・感情をコントロールできる

「プロスタキッズ」に通うAくんは、以前、母親に注意されるたび、「嫌だ、嫌だ」と感情をあらわにすることがありました。ところが現在は、母親に逆らうことが少なくなっているそうです。なぜなら、「母親の発言には、これこれ、こういう理由があるからだ」という「因果関係」が理解できるようになったからです。

論理的に考えることができると、一時の感情や衝動に流されることが少なくなるのです。

✻プロスタキッズの子どもに見られる共通の変化

私が「プロスタキッズ」に入校したばかりの子どもに、必ず聞く質問があります。

「どうやって、この教室まで来たの？」

するとたいていの子どもは、「お母さんと一緒に来た」「親に連れて来てもらった」と、あいまいに答えます。具体的な経路や交通手段まで答える子どもはいません。

そして、3カ月後、カリキュラムが進んだところで、もう一度、同じ質問をしてみます。

「どうやって、この教室まで来たの？」

すると今度は、時系列で、順を追って、自宅から教室までの「道筋」を答えることができるようになります。

小学1年生のBくんは、次のように答えました。

「お母さんと一緒におうちを出て、自転車で大井町駅まで行って、大井町の駅から京浜東北線に乗って、品川駅で降りて、品川駅の港南口から歩いてきた」

自宅から教室までの経路を具体的に説明できるようになったのは、プログラミングを学んだことで、**「筋道を立てて考える力」「順を追って考える力」**が身に付いたからです。

【7つの才能③】数学的思考力

「数学的思考力」とは、「数字、式、図」に置き換えて物事を理解すること

＊プログラミングを学ぶと、「算数」が好きになる

早い段階からプログラミングを覚えると、算数に対する苦手意識がなくなり（算数が好きになり）、数学的思考力が身に付きます。

数学的思考力とは、**「数字、式、図、グラフ、図形を素材として、物事を論理的に考える力」**のことです。

【数学的思考力のメリット】

- **物事を数字に置き換えて説明できる**
- **数字から状況を把握できる**
- **物事を分析することで、課題解決のプロセスが明確になる**
- **実現性の高い目標設定や計画立案ができるようになる**

「プロスタキッズ」のカリキュラムの中には、意図的に「数学」（算数）の概念が取り入れられています。

たとえば、「Scratch」では、横の方向をX座標、縦の方向をY座標として表示し、その数値によって配置する位置を決めています。さらに「メイクコード」では、高さを表すZ座標も加わります。

キャラクターに動きをつけたりゲームをつくったりするときは、決まった位置を正確に指定しなければなりません。座標に数値を指定して動かしながら、X座標、Y座標、Z座標、マイナスの概念を理解できるようになります。

画面の中のものを「目に入ったまま」受け取るのではなく、座標軸をもとに「他の

プログラミングで数学的思考力が身に付く

1 「Scratch」でキャラクターを動かすには――

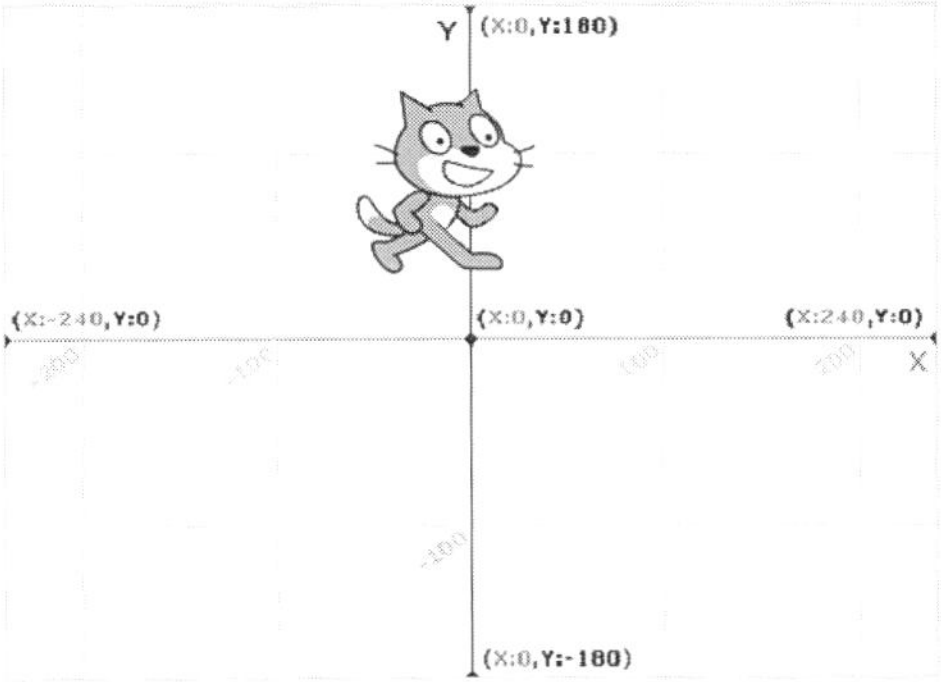

2 位置や数字の指定が必要

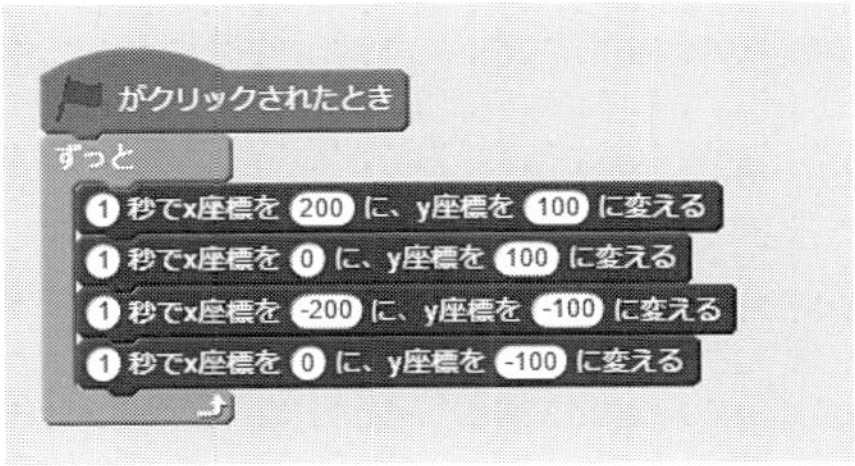

座標やマイナスの概念を理解できるようになる

もの」と対比させて位置関係を把握するため、空間認知能力や、全体を俯瞰する力が伸びる生徒もいます。

また、「マイクラ」（マインクラフト）の世界を「メイクコード」を使ってプログラミングをする場合、「奥行き」「幅」「高さ」の3軸からなる空間把握の能力が必要になるため、算数の図形問題・数学の基礎知識の理解度向上を期待することができます。

ほかにも、「右に3移動するのを10回繰り返すと30進む」「3分は60秒を3回かけたもの」など、掛け算の概念も身に付きます。

子どもにとって、**目的さえあれば、道具を使いこなすのは難しいことではありません。**「ゲームをつくる」ことが目的だとしたら、たとえ小学1年生であっても、分数、負の概念、素数、三角関数、ベクトル、行列、微分、積分といった、大人でも使いこなすのが難しいと思われている概念を使いこなせるようになります。

なお、数学的思考力と論理的思考力の違いは、前者は、サイコロを振ったときに出る目を6分の1の確率だと考える思考、後者は、物事をうのみにせず、自分で考え、観察することによって、客観的に、本質をとらえようとする思考だと言えます。

【7つの才能④】問題解決力（問題発見力）

「問題点を洗い出す力」と「リカバリーする力」が身に付く

＊「なぜ動かないのか？」「どうすれば動くのか？」

プログラミングは、「結果を目指すために、パズルのように命令を組み合わせていく」作業です。組み合わせる順番を間違えると、結果を得ることはできません。筋道を立てて考えたプログラムが、自分の思い描いた動きと違ってしまうことはよくあることです。

プログラミングは「エラー」の連続です。でも、エラーをすることで身に付く力もある。それは、問題解決に必要な、「問題点を洗い出す力」と「リカバリーする力」です。

「プロスタキッズ」の生徒たちも、試行錯誤を繰り返しながら、「正しい順番」を見つけています。修正作業を積み重ねることで、「プログラムの問題を明らかにし、解決策を見つけることができる」ようになります。

◉問題点を洗い出す力

「プロスタキッズ」では、プログラムが上手く動かなかったときに、正しい答えを直接教えることはありません。考え方のヒントを教えることはありますが、あくまで、「自分の頭で考える」「自分で問題点を発見する」のが基本です。

スクールに通いはじめたばかりの子どもの場合、プログラムにエラーがあると、「なぜ動かないのか」、その原因を特定しようとせず、すぐに正解を知りたがったり、途中で投げ出してしまう傾向にあります。

しかし、

「結果には必ず原因がある」

「プログラムの工程を分解していけば、必ず問題点が見つかる」

ことがわかると、エラーをしても投げ出さず、「なぜ動かないのか？」「どういう命令を出せば思ったような動作を実現できるのか？」を考えるようになります。

◉リカバリーする力

バグ（プログラムの間違いのこと）を直すことをデバッグといい、一般的に「バグ取り」と呼びます。

プログラムにまだ慣れていない子どもたちは、プログラムがすべて組み終わるまでバグ取りをしなかったり、不具合が見つかると、バグの発生箇所だけでなく、プログラムを全部つくり直そうとすることがあります。

ですが、トライ&エラーを繰り返すうちに、**「プログラムを少しつくったら動作確認をする」「また少しつくったら動作確認をする」**ことを覚え、バグを早く、正しく、ムダなく修正できるようになります。

問題点を洗い出し、リカバリーする力を育てる

ゴール

「１秒おきにりんごがコピーされる。コピーされたりんごは下に落ちる」

このようなプログラムを組むと――

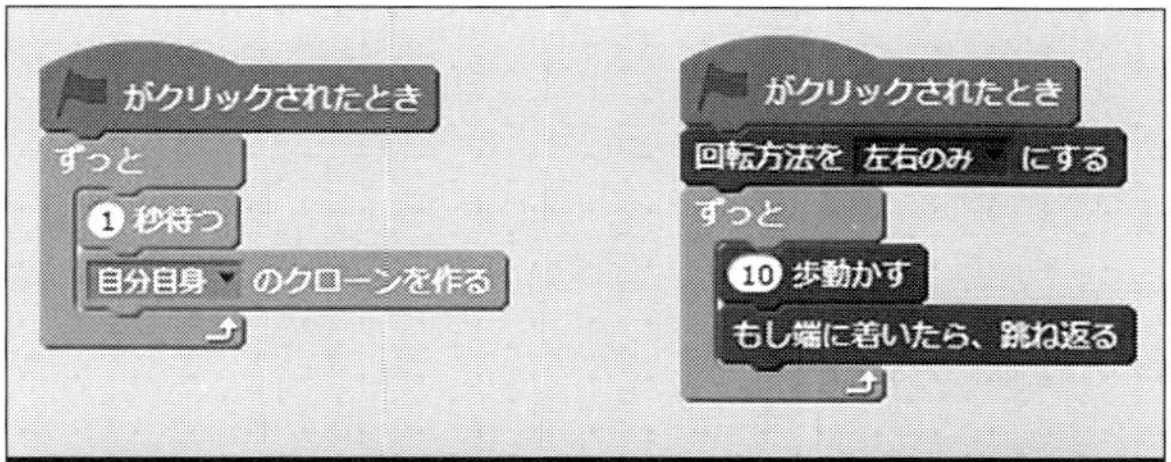

りんごがコピーされた場所で止まってしまう……

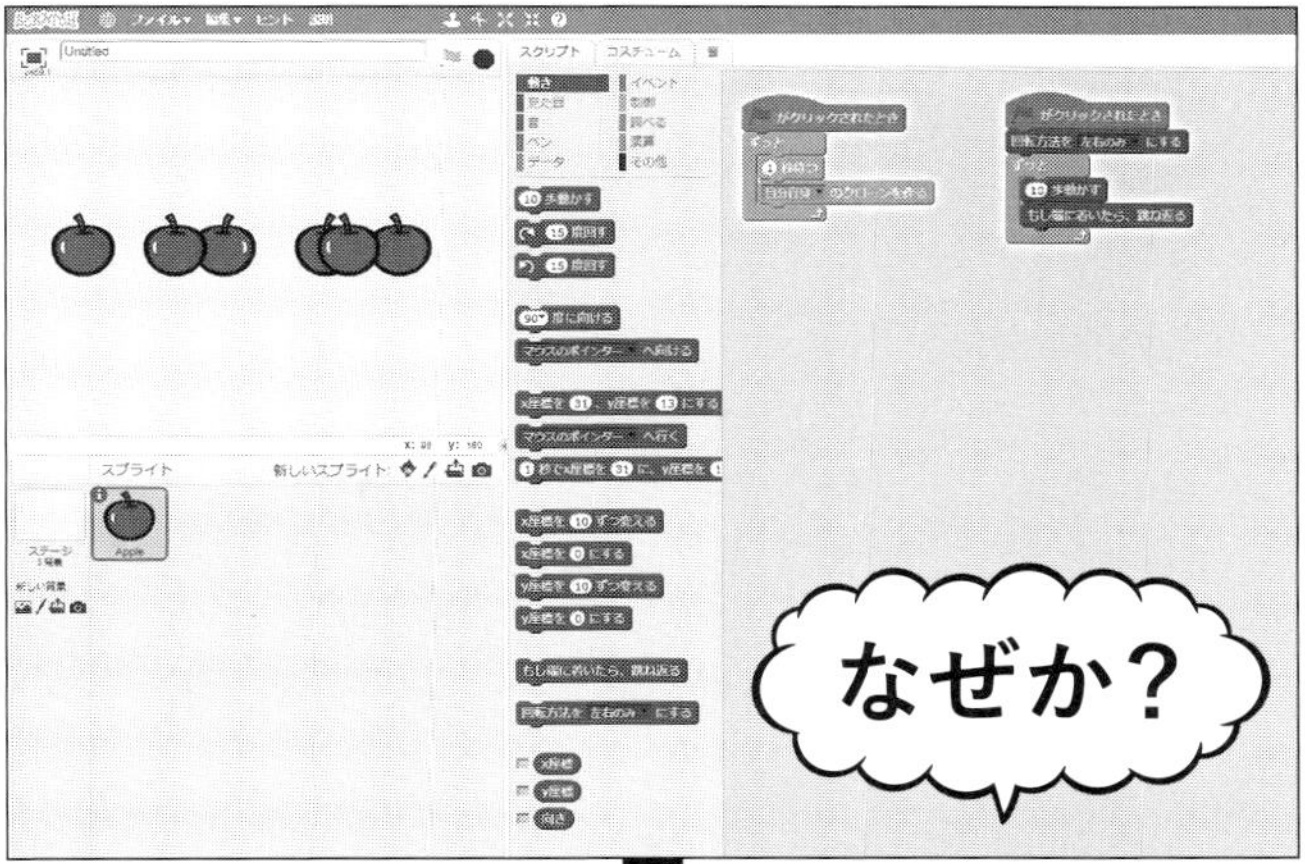

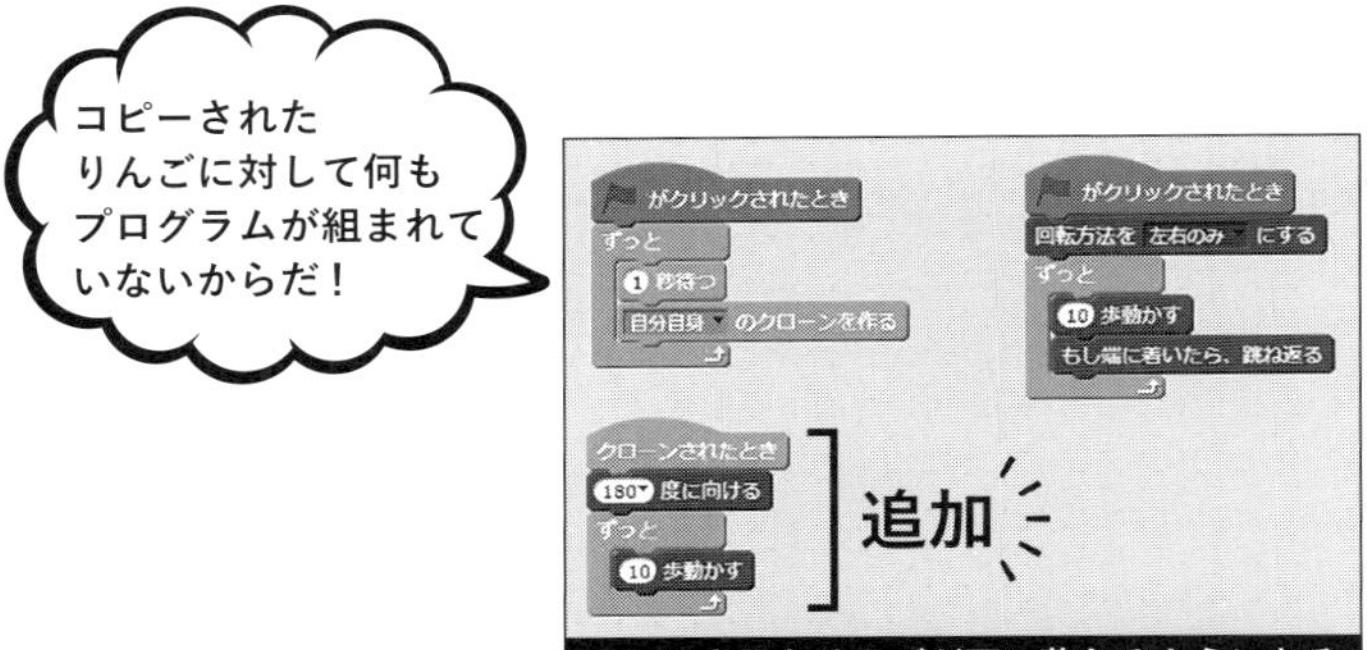

コピーされたりんごが下に落ちるようになる

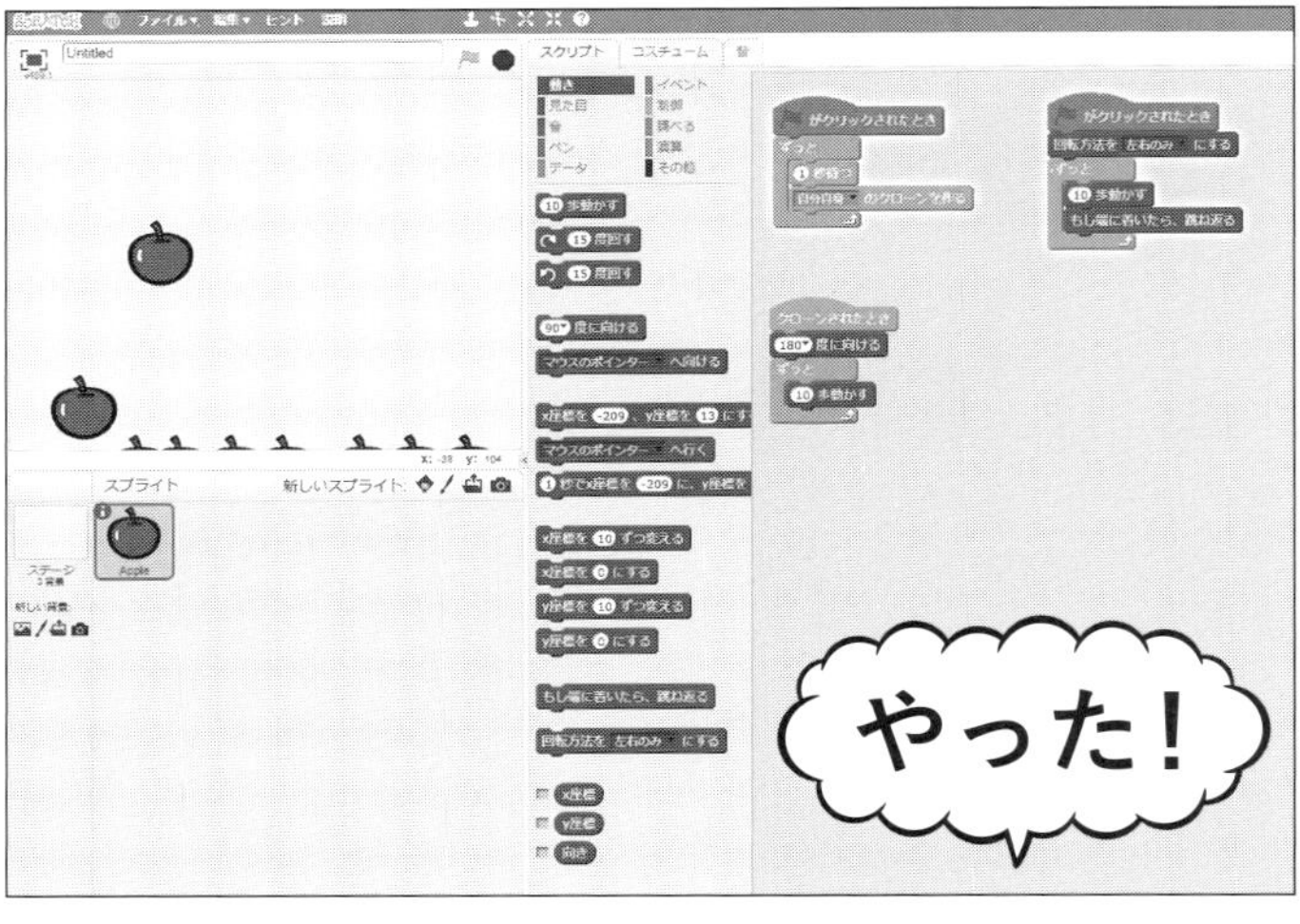

「なぜ動かないか」を考え、
「どうすればできるようになるか」を考えるようになる

＊「詰め込み教育」では、考える力は身に付かない

バグが発生する理由は、組み立てたプログラムが、「論理的には正しくない」からです。

したがって、トラブルを解決するには、「論理の矛盾がどこにあるのか」を突き止め、解決に導くように修正する必要があります。

解き方だけを教えるいわゆる「詰め込み教育」では、「自分の頭で考える力」を養うことはできません。

一方、プログラミング教育は、

- **「なぜ、動かないのか？」を自問する**
- **「どうすれば動くようになるのか」仮説を立てる**

- **仮説に従って、プログラムの組み替え作業を行う**
- **それでも動かなければ、もう一度検証する**

といった**「検証」「仮説」「実行」のサイクルを何度も繰り返す**ため、「問題点を発見し、改善していく力」を養うことが可能です。

従来の学校教育では、「どれだけ多くの知識を蓄えるか」が重要視されてきました。ところがインターネットが普及したことで、知識を蓄えることの重要性が低くなっています。なぜなら、「どんな知識でも、検索すれば手に入る時代」になっているからです。

そこで重要になるのが、知識をインプットする力ではなく、**知識を使って問題を解決するアウトプットの力**です。

＊日本人の「ＩＴを活用した問題解決力」は、決して高くはない

O《オー》E《イー》C《シー》D《ディー》（経済協力開発機構）が、24の国と地域で、「国際成人力調査」を実施しています。

この調査は、16～65歳（約15万7000人）を対象に、「読解力」「数的思考力」「ITを活用した問題解決能力」の3分野のスキルの習熟度を測定するものです。

2012年～2013年に行われた調査では、日本は「読解力」と「数的思考力」は国別平均点が「1位」であり、義務教育（一斉教育）の水準の高さが証明されています。

一方で、**「ITを活用した問題解決能力」は10位**で、ITの習熟度に課題を残しています。

- **「読解力」……文章や図表を理解し、評価し、活用する力**
- **「数的思考力」……数的な情報を活用し、解釈し、伝達する力**
- **「ITを活用した問題解決能力」……コンピューターやウェブなどを使用して必要な情報を収集し、評価し、他の人とコミュニケーションをし、与えられた課題を解決する力**

「ITを活用した問題解決能力」は、世代によって点数にムラがありました。「若い世代のほうがパソコンスキルは高い」と思われるかもしれませんが、10代後半～20代前半の点数は、OECDの世代別平均と比較すると高くありません。

また**「パソコンのスキルがない」と判断された人は、参加国・地域で最多**を記録しています。

この調査は、原則としてパソコンを使って実施されましたが、日本の調査対象者の36・8％（OECD平均24・4％）が「コンピューター経験なし」「紙調査を希望」などの理由により筆記で解答しています（コンピューター調査受験者のみの結果を見ると、日本の平均得点はトップ）。

つまりこのことから、「ITを使っている人の能力は高い。しかし、まったく使えない人も多い」ことがうかがえます。

この結果を受けて、文部科学省では、「『教育のIT化を一層進める必要がある』としている」（産経ニュース）、「学校教育の段階から積極的にITに親しむ環境づくりが急務といえそうだ」（日本経済新聞）などとコメントしています。

こうした課題を克服するためにも、子どものころからプログラミング教育を行い、ITリテラシー（情報技術を自分の目的に合わせて活用できる能力、ITを使って解決策を見つける能力）を高める必要があるのです。

【7つの才能⑤】クリエイティブ力

頭の中の「アイデア」を具現化できるようになる

＊一斉授業、横並び教育は、独創性の芽が摘《つ》まれやすい

「プロスタキッズ」のカリキュラム監修を担当してくださっている安藤昇先生は、「佐野日本大学中等教育・高等学校」のＩＣＴ教育推進室室長として、教育現場でのＩＣＴ化を積極的に推進しています。

安藤昇先生は、「ＩＣＴ教育（プログラミング教育）を取り入れることで、一斉授業（教員ひとりに対して生徒多数の形式）のデメリットを補完できる」と考えています。

「一斉授業は、横並びの教育です。生徒の教育水準を均等化できるので、『学力の差が生じにくい』『落ちこぼれが出にくい』というメリットがあります。

ただし、平均よりもやや下の生徒を基準とした授業内容になりやすく、そのため、理解の早い子は足止めされてしまいます。また、個々の生徒の興味、関心、個人差には応えにくいというデメリットがあります。

一斉授業では、『みんなと同じものを、同じようにつくる』ことが評価されます。人と違うもの、突拍子もないものをつくることは許されません。日本では飛び級（1学年以上を飛び越して上の学年で学ぶこと）も認められていませんし、『同じ教科書を、同じスピードで学ぶ』ことが基本ですから、勉強に物足りなさを感じても、先に進むことができない。

しかし、プログラミングの中であれば、みんなと足並みを揃える必要はありません。**自分の興味、関心、好きなこと、やってみたいことを自由に発想でき、創造性や独創性を伸ばすことが可能です**」（安藤昇先生）

文部科学省の教育は、いわば、「落ちこぼれを出さない教育」としては意味があると思います。ですが一方で、**個人の才能が伸び悩むリスクがある**のも事実です。

個人の才能を伸ばしていくには、生徒一人ひとりの意欲、夢、目標を尊重し、「子どもたちが、何をどう理解しているか」を把握しながらカリキュラムを組み立てることが大切です。

＊プログラミングの中は、自由な世界

「プロスタキッズ」は、一斉授業ではありません。

テキストが早く理解できた生徒は、テキストの範囲を越えて先に進んでもいいし、自分でゲームをカスタマイズしてもかまいません。制限や制約を設けていないため、枠にとらわれない自由な発想を育むことが可能です。

テキストの目標（課題）さえクリアできれば、デザインもキャラクター設定も自由です。

生徒は「Scratch」の中で、個性あふれる世界観を体現できるようになります（次ページ）。

プログラミングは、**「頭の中のアイデアを形にする作業」**です。

したがって、プログラムが組み立てられるようになると、「アイデアを出す力」と「頭の中のアイデアを視覚化する力」が身に付きます。

アイデアは、自由で、柔軟な発想から生まれます。子ども特有の独創性を枠の中に押し込めるのではなく、認めて伸ばしていけるのがプログラミング教育です。

コンピューターが身近になった今、子どもたちがそのしくみを知ることはとても大切です。

コンピューターを受け身に使うのではなく、プログラミングの学習を通して、「コンピューターがどのように動いているのか知り、子どもたち自身が「コンピューターでものをつくる」という発想を持ってほしいと思っています。

x: 240 y: -180
スプライト
あたらしいスプライト:
ステージ
2 はいけい
スプライト1
Mouse1
スプライト2
スプライト3
Key
Dog Puppy
Dog1
Abby

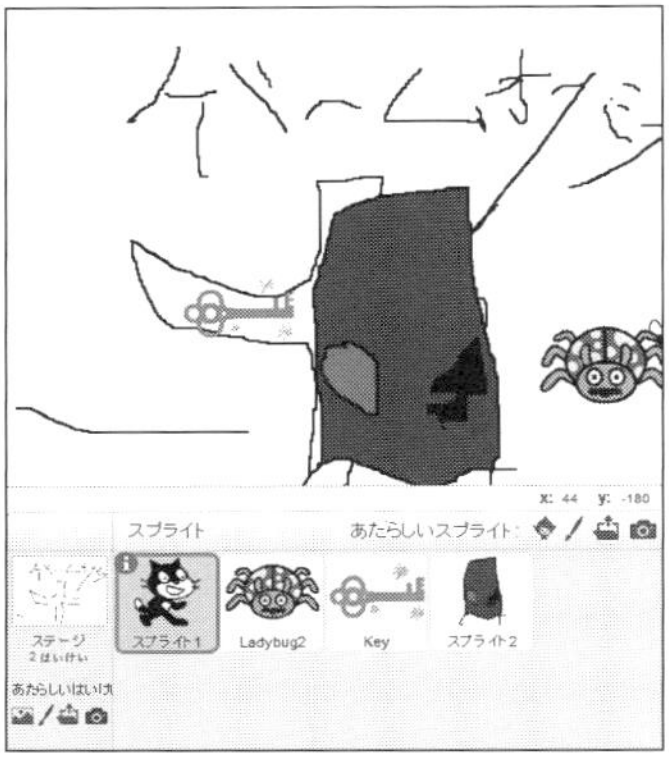
x: 44 y: -180
スプライト
あたらしいスプライト:
ステージ
2 はいけい
スプライト1
Ladybug2
Key
スプライト2

x: -77 y: -21
スプライト
あたらしいスプライト:
ステージ
2 はいけい
Fish1
Crab

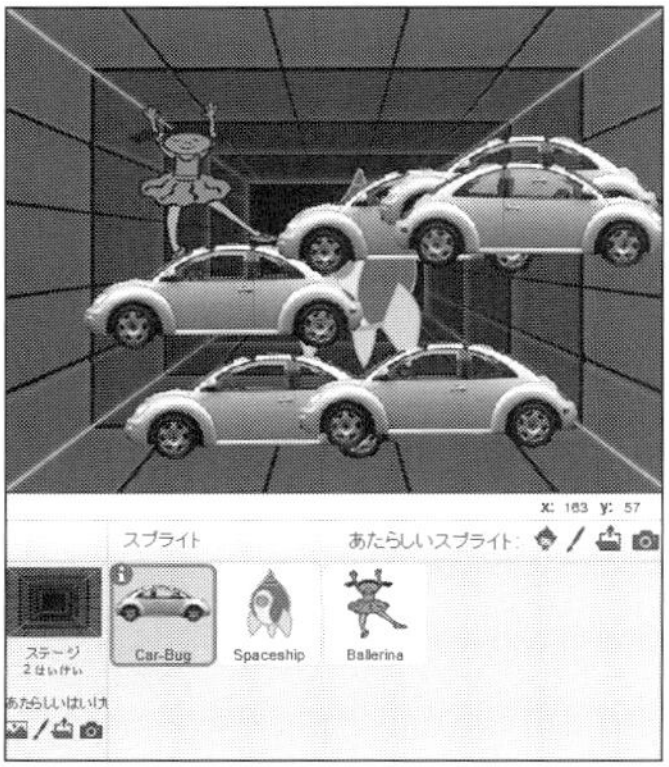
x: 163 y: 57
スプライト
あたらしいスプライト:
ステージ
2 はいけい
Car-Bug
Spaceship
Ballerina

プログラミングで発揮される子どもの個性・独創性

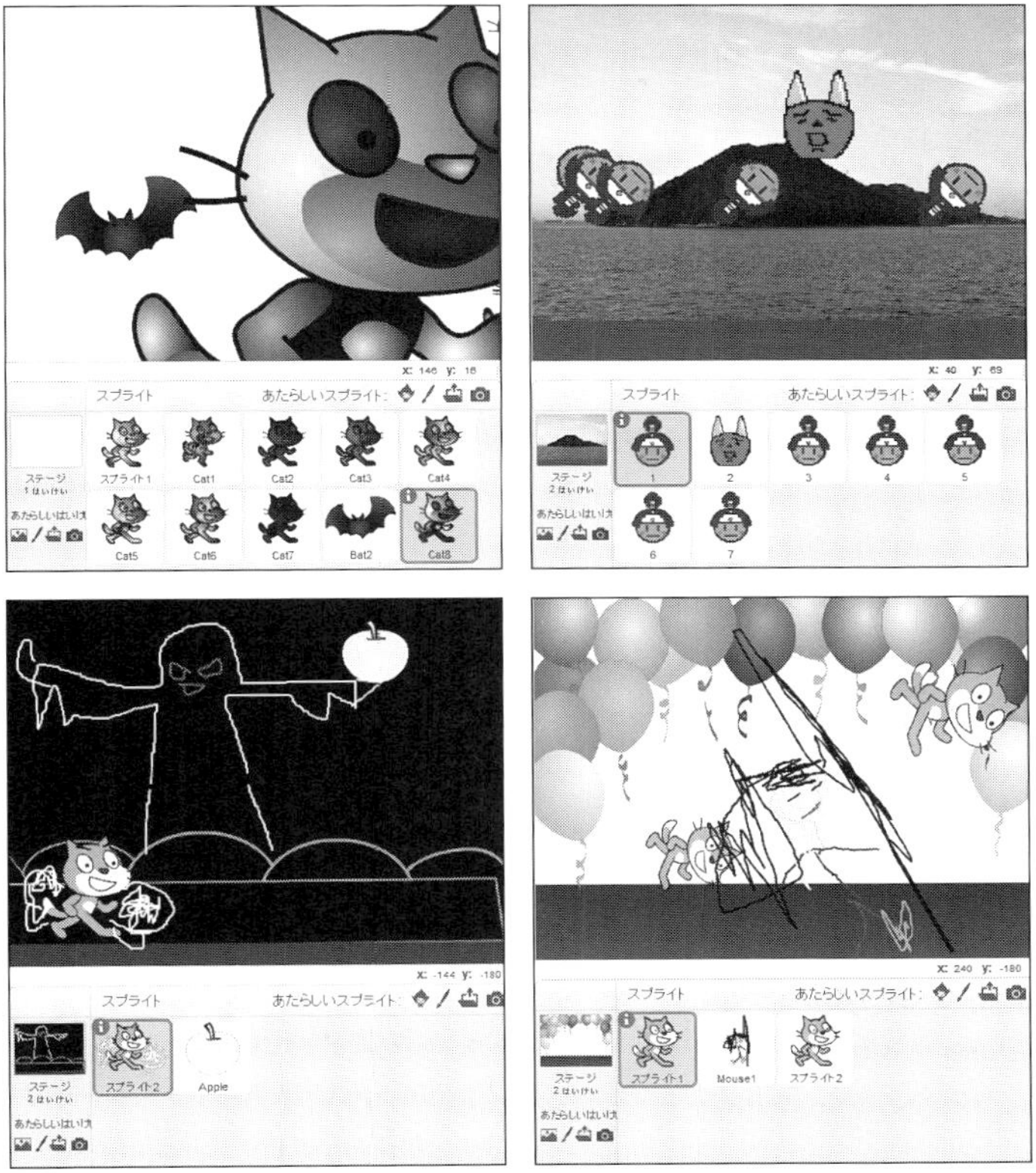

＊才能を伸ばすには、早い時期からの教育が必要

安藤昇先生は、**「子どもの発想力、アイデア力、クリエイティブ力を磨くには、早いうちからプログラミングを学ばせたほうがいい」**と考えています。

「私は10年以上、高校生を相手にプログラミングを教えていますが、プログラミングにのめり込むのは、１００人にひとりしかいないのが現実です。高校生にもなると、ある程度、自我が発達しているため、好き嫌い、得意不得意、やりたい・やりたくないことが決まっていて、そこから抜け出すことに抵抗を覚えます。プログラミングを学んでも、夢中になって取り組まなければ才能を伸ばすことはできません。

一方、小学生は、中高生よりも思考のパターンが確立されていないので柔軟に物事を考え、発想することができます。『おもしろい』『楽しい』という純粋な気持ちだけで、プログラミングに熱中するため、才能が開花しやすいのです」（安藤昇先生）

【7つの才能⑥】実行力（主体的行動力）

「好きなこと」だから、自分から積極的に行動するようになる

＊興味のあることだから、前のめりになって行動する

「プロスタキッズ」では、「こうしたほうがいい」と大人が一方的に目標を押し付けることはありません。

子どもたちのアイデア、発想、「やりたい」という気持ちを尊重しているため、自発的に行動するようになります。

私たちが、子どもたちに「ゴールを教えない」「安易に正解だけを教えない」「ルールを強制しない」のは、大人が決めたルールに乗ってしまうと、自分の頭で考えるこ

とをやめ、依存心が強くなるからです。

子どもは、興味のあることなら、前のめりに、積極的に取り組みます。両親や大人が「頑張ってほしい」「これをやってほしい」と思うことにはやる気が出なくても、「興味を持てる対象」が見つかれば、自分から進んで、アクションを起こします。

＊自分で決めたことは、自分で守る

「プロスタキッズ」の生徒を見ていて思うのは、「自分で目標を立て、自分でルールを決め、自分でプログラムを組む」という体験を繰り返す中で、

①「積極的にルールを守るようになる」
②「自分から周囲に働きかけるようになる」
③「工夫するようになる」
④「集中力が高くなる」

ことです。

◉①積極的にルールを守るようになる

プログラミングは、ルールを決めて、そのルールに従って指示を与えなければ動きません。子どもたちは「バグ取り」を繰り返すうちに、「ルールを守る」ことの重要性を意識するようになります。

また、プログラミングに慣れ親しんだ子どもは、**日常生活においても、自分でルールをつくる**ようになります。

ほとんどの人にとって、ルールは「守るもの」であって、「つくる」ものではありません。また、ルールをつくるのは、自分ではない第三者だと考えています。

ですが私は「ルールは自分でつくるもの」だと考えています。たとえば「Scratch」でゲームをつくることは、「ルールをつくり出すこと」と同じだと思います。

プログラミングを学ぶと、「ルールは変えられる」「ルールは自分でつくれる」ことがわかるようになります。すると、与えられたものをそのまま受け入れるのではなくて、状況によって自らルールを生み出す対応力が身に付きます。

ゲーム機を買い与えたとき、親が「ゲームは1日1時間まで」「ゲームをする前に、勉強を1日1時間する」「守れなかったら次の日はゲーム禁止」とルールを決めても、子どもはすぐにルールを破ってしまうことがあります。

一方で、子どもに自分でルールを決めさせると、時間を守るようになります。子どもが自分自身にとって何が必要かを考え、本人が納得したルールをつくることができれば、大人が強制しなくても、子どもはルールを守るようになります。

大人が決めたルールは「守らせる」ものであって、子どもが自分から「守る」ものではありません。本人に考えさせ、決めさせ、それを守って行動できるようにすることで、主体性や責任感が育ちます。

◉②積極的に周囲に働きかけるようになる

「プロスタキッズ」では、**小学1年生から6年生まで、一緒の教室で学びます。**同じテキストを使っているものの、一斉授業ではないため、理解度も進捗状況も、生徒によって異なります。

なかには「理解のスピードが遅い生徒」「なかなか課題がクリアできない生徒」もいますが、そんなとき、他の生徒や上級生が、「困っている生徒に教える」など、周囲と積極的に関わる姿が見てとれます。

「自分から進んで、誰かに教える」という行為こそ、主体性の発露《はつろ》です。

●③積極的に工夫するようになる

わからないことがあったとき、すぐに「答えを先生に聞く」のではなく、「どうすればできるようになるのか」を自分で考え、工夫し、自分なりの答えを持った上で、質問をするようになります。

プログラミングは、「自分の好きなこと」「やりたいこと」を目標に設定し、そのためのルール（どのようなキャラクターを、どのような条件で、どのように動かすのか）も自分の頭で考えます。その結果として主体性が育まれ、「自ら目標を決めて、自ら実行する」ようになっていきます。

◉④集中力が高くなる

子どもの集中力を伸ばす有効な方法のひとつが、「子どもの好きなことをさせる」ことです。子どもが「やってみたい」「やりたい」と思うことを続けることで自然と集中力が身に付きます。

子どもは、親や学校の先生から「コントロールされる立場」ですが、「Scratch」や「メイクコード」の世界では、**「コントロールする立場」になれる。**プログラミングには、「自分のやりたいことを、自分で考え、実行できる」という能動的な楽しさがあります。「Scratch」や「メイクコード」は、ゲーム感覚でプログラミングができるので、「楽しい」「おもしろい」という感情が沸き立ち、集中力が持続します。

また、プログラムのエラーを解消していくプロセスは、子どもに集中力と粘り強さを与えてくれます。

子どもと一緒にスクールに来ていた保護者の方が、**「うちの子どもは何をしても飽きっぽかったのに、こんなに集中力があったのか」「あれほど集中している姿をはじめて見た」**と驚くほどです。

【7つの才能⑦】文章読解力

国語力を磨けば、人工知能にも負けることはない

＊AIは、東京大学に合格できるか？

『AI vs. 教科書が読めない子どもたち』（東洋経済新報社）の著者で、「国立情報学研究所・社会共有知研究センター」のセンター長である、新井紀子教授は、AI化が進んだ社会の中で子どもたちが身に付けるべき力として、「文章を読み、正しく理解する『リーディングスキル』」を挙げています。

新井紀子教授は、2011年に国立情報学研究所が中心となり立ち上げた人工知能プロジェクト「ロボットは東大に入れるか」（東ロボくん）のプロジェクトディレクタ

ーを務めた方です。

プロジェクトがはじまった当初、「東ロボくん」には、「２０１６年までに大学入試センター試験で高得点をマークし、２０２１年には東大入試を突破する」という目標が掲げられました。

実際、「東ロボくん」は、ＭＡＲＣＨ《マーチ》（明治大学、青山学院大学、立教大学、中央大学、法政大学）や関《かん》関《かん》同《どう》立《りつ》（関西大学、関西学院大学、同志社大学、立命館大学）の一部の学科の入試では、合格率80％の判定を得ています。

しかし結果的に、東大受験を諦めることになりました。

なぜなら、ＡＩの学習能力の限界が明らかになり、「東大には合格できない」ことがわかったからです。

ＡＩには、決して越えることのできない学力の溝がありました。それは、**「国語力（文章読解力）」**です。

ＡＩに「自然言語（社会の中で自然に発生し、自然に用いられている言語）の処理は無理」というのが、このプロジェクトの結論でした。

「東ロボくん」は計算力を問われる数学や、記憶力を問われる世界史といった科目では高得点でした。しかし、読解力が問われる国語や英語は、合格水準に及ばなかったのです。

「現段階のＡＩにとって、文章の意味を理解することは、不可能に近い」ことが判明した一方で、新井紀子教授は、「問題文の意味を理解しないで回答したＡＩよりも、低い点数の高校生がいる。ということは、読解力の弱いＡＩよりも、人間の子どものほうが文章を読解できていないのではないか」という仮説を立て、2万人以上の中学・高校生を対象に読解力調査を実施しています（２０１６年4月から２０１７年7月末までに全国で2万５０００人）。

調査の結果、予想以上に誤答が多く、中学・高校生の読解力の低さが浮き彫りになりました。

新井紀子教授は、プログラミング教育以前に、「中学を卒業するまでに中学校の教科書を読めるようにすることが、教育の最重要課題」として、教科書を読んで理解できるだけの読解力、論理的な思考能力、論理的な表現力を学校教育で養う必要性を強調しています。

＊プログラムも、日本語も、どちらも「言語」である

文部科学省の資料『これからの時代に求められる国語力について』（文化審議会答申）によると、国語力の中核をなす領域として、次の「４つ」が挙げられています。これらはいずれも、情報を「処理・操作する能力」です。

【国語力の中核をなす４領域】

①「考える力」……分析力、論理構築力などを含む論理的思考力

②「感じる力」……相手の気持ちや文学作品の内容・表現、自然や人間に関する事実

などを感じ取ったり、感動したりできる情緒力

③「想像する力」……経験していない事柄や現実には存在していない事柄などをこうではないかと推し量り、頭の中でそのイメージを自由に思い描くことのできる力

④「表す力」……考え、感じ、想像したことを表すために必要な表現力であり、分析力や論理構築力を用いて組み立てた自分の考えや思いなどを具体的な発言や文章として、相手や場面に配慮しつつ展開していける能力

情報化の進展にともない、「たくさんの情報を素早く正確に判断・処理する能力」や「自分の考えを的確にまとめて発信していく能力」の重要性が指摘されています。こうした情報の受信能力・発信能力の根底にあるのが、国語力です。

プログラムは言語です。言語である以上、国語の能力と密接に関わっています。**国語力はプログラミング教育によって伸ばすことができる**と私は考えています。

その理由は、おもに「2つ」あります。

◉理由①　文章題を視覚化できるようになるから

「プロスタキッズ」の監修を務める安藤昇先生も、現役教師の立場から、学生の国語力の低下を実感しています。そこで「プロスタキッズ」では、「文章（文章題）への正しい理解」をうながすために、「課題を文章であらわす」ことを重視しています。

そして、子どもの文章読解力を伸ばすために、「課題を文章であらわして子どもたちに読ませ、書かれてある内容を頭の中でイメージさせ、実際のプログラムに落とし込み、視覚化する」というプロセスを繰り返しています。

テキストに書かれてある内容を正しく理解できないと、プログラムを正しく組むことはできません。

プログラミングで文章読解力が身に付く

テキストを読む

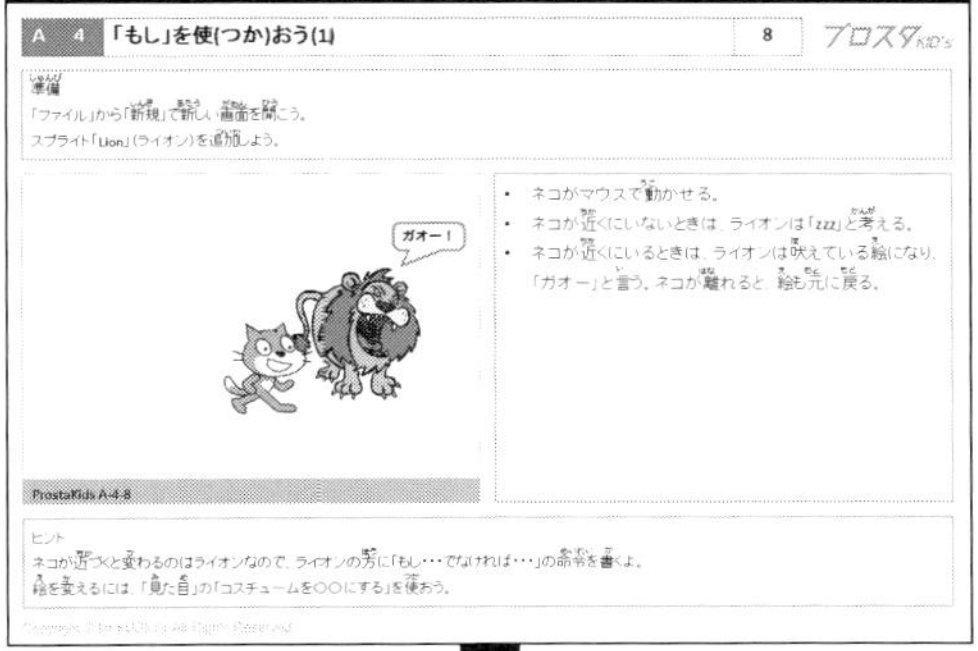
A 4 「もし」を使(つか)おう(1) 8 プロスタKID's

準備《じゅんび》
「ファイル」から「新規《しんき》」で新《あたら》しい画面《がめん》を開《ひら》こう。
スプライト「Lion」(ライオン)を追加《ついか》しよう。

- ネコがマウスで動《うご》かせる。
- ネコが近《ちか》くにいないときは、ライオンは「zzz」と考《かんが》える。
- ネコが近《ちか》くにいるときは、ライオンは吠《ほ》えている絵《え》になり、「ガオー」と言《い》う。ネコが離《はな》れると、絵《え》も元《もと》に戻《もど》る。

ヒント
ネコが近《ちか》づくと変《か》わるのはライオンなので、ライオンの方《ほう》に「もし・・・でなければ・・・」の命令《めいれい》を書《か》くよ。
絵《え》を変《か》えるには、「見《み》た目《め》」の「コスチュームを○○にする」を使《つか》おう。

内容を理解して実際のプログラムに落とし込む

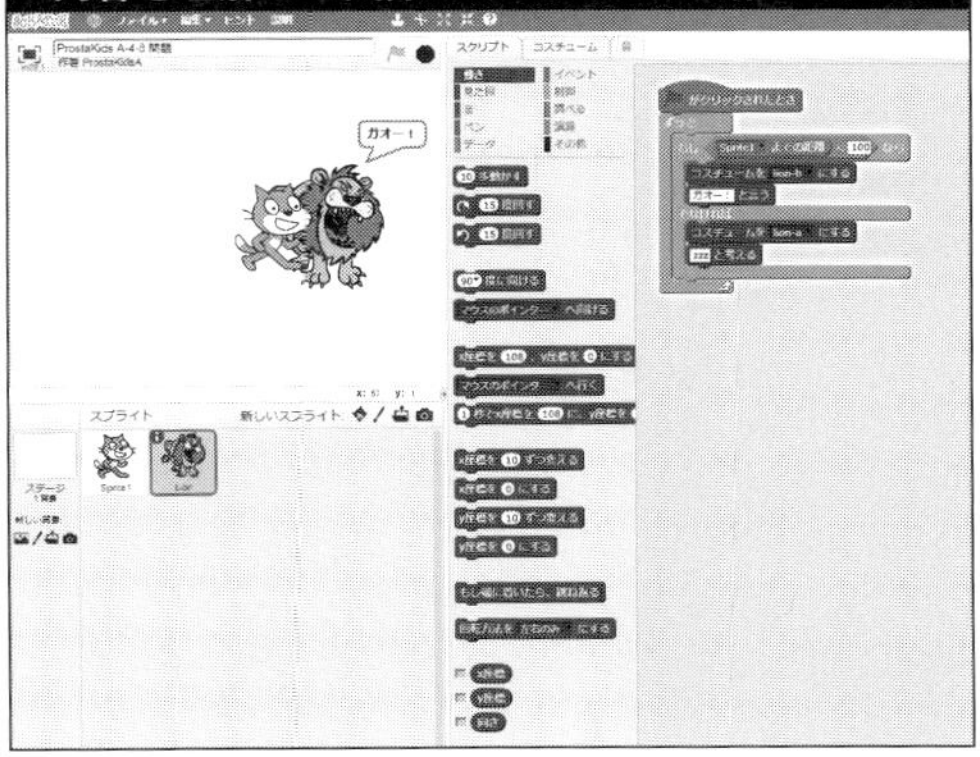

プログラムを正しく組むためには、文章を正しく読み解くことが不可欠

したがって、「この文章に書かれてあることは、どういうことか」を正しく読み解こうとする姿勢が身に付きます。

◉理由② 論理的に考えることができるようになるから

プログラミングによって「プログラミング的思考（論理的思考）」ができるようになると、文章の流れを正しく追えるようになり、論旨、論点、要点を的確に把握できるようになります。

第3章

「プログラミングスクール」に通わせるメリット

小学校の授業だけでは、教育効果は得られない？

＊プログラミング教育３つの課題

私は、小学校におけるプログラミング教育の必修化に、基本的には「賛成」です。なぜなら、プログラミングによって、

・子どもたちの問題解決能力、論理的思考力、発想力が鍛えられる
・ＩＴ化が進む現代社会で活躍する人材を育成できる

という教育効果が得られるからです。

ですが一方で、「小学校のプログラミング教育だけでは、十分な教育効果は得られないのではないか」と疑問視しています。小学校のプログラミング教育には、おもに「3つ」の課題があるからです。

【小学校のプログラミング教育の課題】

①「プログラミング」という教科（科目）があるわけでない
②教員の多くがプログラミングを理解していない
③ICT環境が整備されていない

◉課題①「プログラミング」という教科（科目）があるわけでない

プログラミング教育を必修化するといっても、コンピューターやプログラミングに関する新しい教科が設けられるわけではありません。

プログラミングは、「算数」「理科」「総合的な学習」の時間など、「すでにある教科」の中に組み込んで教えることになっています。

たとえば、「1＋2＋3＋……＋100」という計算は、単純に「1＋2＋3＋……」と順に足していくと、非常に時間がかかります。このとき、「100＋99＋98＋……＋1」と逆に並べた式を用意して、最初の式のそれぞれの項と足していくと「101＋101＋101＋……＋101」という式が100でき、これを2で割れば答えができます。すなわち、

1＋2＋3＋……＋100＝（101×100）÷2

です。この「1から100まで頑張って計算しないで、何とかラクをして解こう」というのは、論理的思考の、複雑な過程を単純化する側面のひとつです。

こうした、物事を整理して考える力（論理的思考力）を、「算数、国語、理科、社会、音楽、学級活動などでも伸ばしていく」というのが小学校でのプログラミング教育です。

具体的に、どの学年の、どの教科で、どれくらいの時間を費やすのか……など、具体的な導入方法は各学校の判断、裁量に任されています。

そのため、学習レベルや実施時間など、**学校ごとに差が出る懸念**があります。

◉課題②　教員の多くがプログラミングを理解していない

プログラミング教育の必修化によって、**教員の数や指導スキルの不足が問題視されています。**

小学校の教員の多くは、プログラミングになじみがありません。文系学部出身だったり、機械が苦手だったりして、プログラミングに触れる機会のなかった教員は少なくないはずです。

文部科学省も、具体的な授業の内容を示していないのが現状ですから、現場の教員からは、「自分が指導をするとなると、より深く勉強をして臨まないといけない」という不安の声が上がっています。

2020年度から、小学校では、新しい「学習指導要領」が施行されます。現在5、6年生で必修となっている「外国語活動」（英語）が前倒しされ、3、4年生で必修になるなど、小学校は大きな変化に対応しなければなりません。

「外国語活動」だけでも手一杯なのに、その上「プログラミング教育」が加わり、しかもその教え方は確立されておらず、プログラミング未経験の先生が教えなければならないとなれば、現場が戸惑うのも無理はありません。

プログラミング教育を小学校1年生から必修化しているイギリスは、子どもたちを教える先生へのプログラミング教育を実施しました。民間企業のカリキュラムを教員が学習する教育訓練を実施したそうです。

日本でも今後は、研修制度の確立、ITスキルの高い教員の増員が図られると思いますが、現時点では、教員のプログラミングに対する理解度が低い状況です。

◉課題③　ICT環境が整備されていない

小学校にタブレット端末やコンピューターがなければ、そもそも、プログラミング教育はできません。

もちろん、コンピューターやタブレット等の端末を使わなくとも、前述したようにプログラミング的思考を身に付ける授業の方法を考えることは可能だと思います。

しかし**それでは、「ITを使いこなせる人材」を育成することはできません。**

文部科学省の「学校におけるICT環境整備の状況について」には、学校におけるICT環境の整備状況（2016年3月の実績）と目標値が示されています。

- **教育用コンピューター1台当たりの生徒数……6・2人／台（目標：3・6人／台）**
- **超高速インターネット接続率（30Mbps以上）……84・2％（目標：100％）**
- **超高速インターネット接続率（100Mbps以上）……38・4％（目標：100％）**
- **普通教室の校内LAN整備率……87・7％（目標：100％）**
- **普通教室の無線LAN整備率……26・1％（目標：100％）**
- **普通教室の電子黒板整備率……21・9％（目標：100％／1学級当たり1台）**

実績と目標の差は大きく、**学校におけるICT環境整備は崖っぷち**といえます。

国や自治体が実施してきたモデル校の取り組みを小学校全校に広げるには、時間も予算も間に合わないのが実情です。

＊現場の教員からも、プログラミング教育への不安の声が

プログラミング教育が必修化されることに対し、小学校の現場からは、「プログラミング教育は必要と思うが、指導できる教員を増やすことと支援員をお願いするための予算が必要である」

「子どもたちにとって、将来的に必要なのかもしれないが、学校で行うことに時間的・人員的・機材的な限界を感じる。現状ではかなりきびしい」

「現段階では資料が少なすぎて、どう指導すればいいかわからない。教育現場としてはとても不安。また、必修化されるのにもかかわらず、指導する時間をどこから確保されるのかが、はっきりしないため、現場としては大変である」

「どういった経緯で必修化が決まったのか、現場レベルでの周知が十分でない」

といった声が出ています（参照：一般社団法人コンピュータソフトウェア協会プログラミング教育委員会「情報教育に関するアンケート」結果）。

プログラミング教育普及のための課題

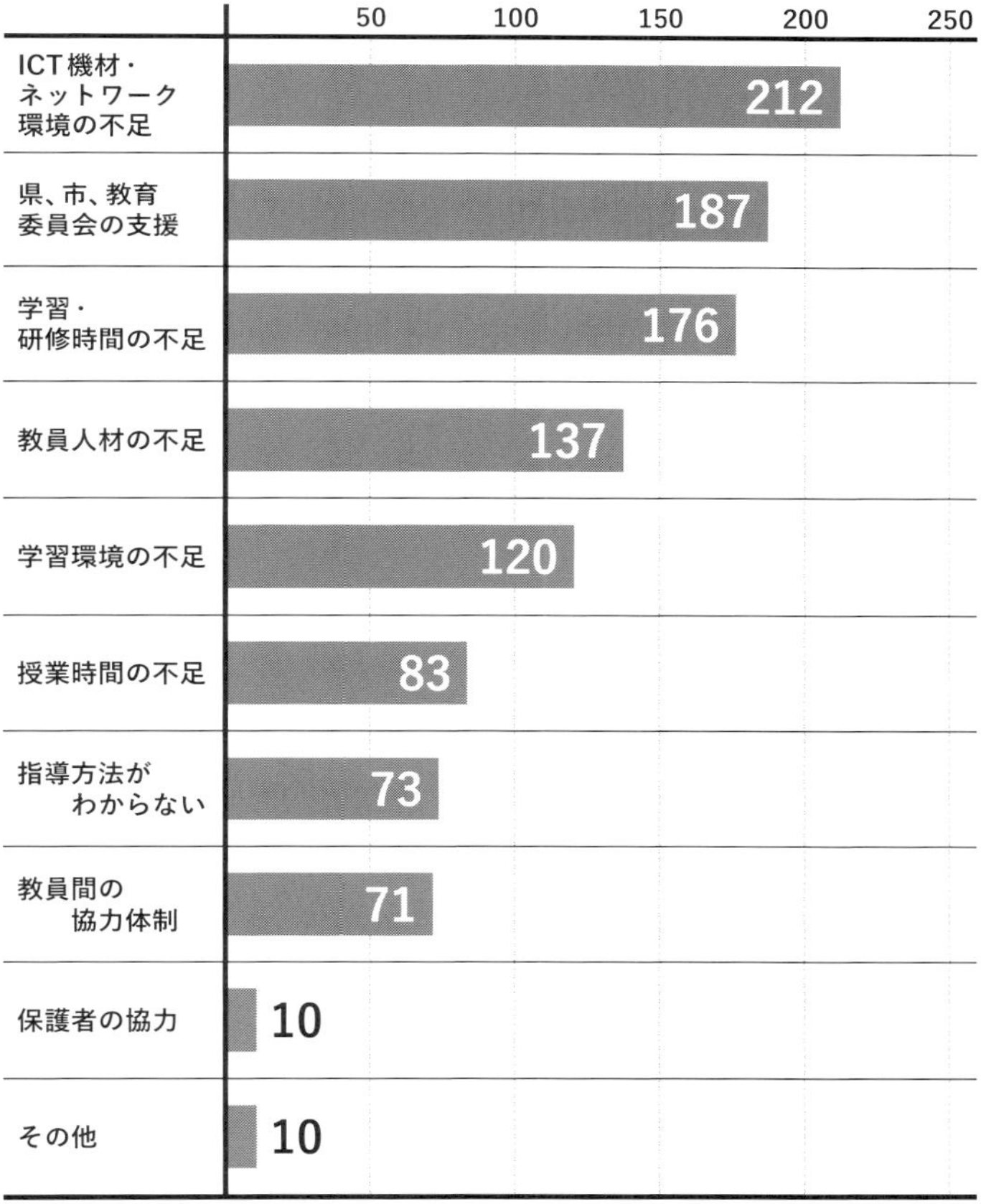

※一般社団法人コンピュータソフトウェア協会「情報教育に関するアンケート」結果より

学校の授業だけでは不安!?

プログラミング教育の必修化によって、本当に教育効果を高めようとするならば、少なくとも、こうした課題をクリアする必要があると思います。

「小学校でプログラミングが学べるのであれば、わざわざ教室に通わせる必要はない。学校の授業だけで十分」と考える保護者の方もいますが、子どもたちに質の高いプログラミング教育を受けさせるには、義務教育よりも専門的な教室、プログラミングスクールのほうが有利だと言えます。

「プログラミングスクール」には、小学校にはないメリットがある

＊プログラミングスクール９つのメリット

情操教育（心の働きを豊かにする教育）、知育教育（物事を自分で考える能力を育てる教育）の一環としてプログラミングを取り入れるのであれば、小学校（２０２０年の必修化）だけに頼らず、プログラミングスクールを利用するのが得策だと思います。

なぜなら、**プログラミングスクールには、「小学校でのプログラミング教育」にはない多くの特徴（メリット）がある**からです。

【プログラミングスクール9つのメリット】

- **メリット①　初心者でも、体系的にプログラミングを学習できる（164ページ）**
- **メリット②　必要な機材が用意されている（168ページ）**
- **メリット③　「遊び感覚」「ゲーム感覚」で学べる（169ページ）**
- **メリット④　子どものペースに合わせて学べる（170ページ）**
- **メリット⑤　子どもの個性をつぶさない（171ページ）**
- **メリット⑥　仲間と一緒に学ぶことで、アイデアが飛躍する（174ページ）**
- **メリット⑦　学ぶ習慣が付きやすい（179ページ）**
- **メリット⑧　小学校の授業の予習・復習になる（181ページ）**
- **メリット⑨　礼儀正しくなる（181ページ）**

順に紹介していきましょう。

◉メリット①　初心者でも、体系的にプログラミングを学習できる

２０２０年のプログラミング必修化では、「プログラミング」という教科が新しくできるのではなく、すでにある教科に取り入れられることが決まっています。

どの学年やどの教科で、どのように実施するかは各学校、各クラス、各先生によって異なるため、義務教育では、プログラミングを体系的に学ぶことができません。

一方、プログラミングスクールは、一定のカリキュラムが決められていて、そのカリキュラムに沿って授業が進むため、**まったくの初心者であっても、プログラミングの基礎から順序立てて学習を進めることができます。**

また、疑問や問題があったときは「その場で講師に質問できる」ので、独学よりも効率的に学ぶことができます。「オンラインのプログラミング学習サイトで勉強する」「書籍を読む」などの学習方法もありますが、実践的なプログラミングスキルを習得するには、人から直接教えてもらうのがもっとも確実です。

「プロスタキッズ」では、日本で15人しかいない「マイクロソフトのエキスパートエデュケーター」に認定されている安藤昇先生（佐野日本大学中等教育・高等学校ＩＣＴ教育推進室室長）がカリキュラムを監修しています（安藤昇先生は、マイクロソフトの主催する教育の世界大会で、第2位を受賞しています)。

現役の教育現場指導者としての視点を取り入れ、生徒の自主性を重視したカリキュラムを設計。「つまずいたら、ひとつ前のステージからやり直して、しっかりと理解する」といった方法を取ることで、楽しく、遅れずに授業を受けることが可能です。

具体的には、順次処理、条件分岐、反復処理といったプログラミングの基礎を、ビジュアルプログラミングを使用して、学んでいきます。そして、つまずいたら、なぜつまずいたか、どうやって解決するのか、あるいはうまくいったときにも、どうやってうまくいったのかを自分で考えさせるようにしています。そういった思考法を何度も繰り返していき、習慣化させることを目指しています。

同時に、楽しんで学べる環境を提供することも重視しています。子どもたちは自分が楽しいこと、好きなことはとことん追求します。子どもたちにとっては「マイクラ」で遊んでいる感覚かもしれませんが、楽しみながら学び続けていくことによって、おのずと論理的思考力が身に付いていくのです。

「プロスタキッズ」メイクコードコースカリキュラム

マイクロソフトによって開発されたブロック型のプログラミング環境＝メイクコードを使用して「マイクラ」の世界をプログラミングすることで、基礎となる知識を身に付ける。

1年目〜 順次処理・反復・条件分岐を覚えよう！

好きなことはとことん継続することができるため、「遊んでいる延長でプログラミング思考を学ぶ」ことができる。マイクラの世界では、「奥行き」「幅」「高さ」の３軸からなる空間把握の能力が必要になるため、算数の図形問題・数学の基礎知識の理解度向上も期待することができる。

レベル別課題の進み方

初級コース 身に付く力：論理的思考・数学の基礎知識・プログラミングの基礎知識

メイクコードの使い方 ／ 順次処理の概念

課題A-1　課題A-2　課題A-3　課題A-4　……　課題A-8

反復・条件分岐の概念 ／ これまでの課題の応用

課題B-1　課題B-2　課題B-3　課題B-4　……　課題B-8

マイクラの世界をプログラミングするメイクコードは、マイクラの世界をどう制御するかを課題としてクリアしていく形式で課題が進む。

中級コース 身に付く力：逆算型の論理的思考・プログラミング思考・課題解決能力

課題１　課題２　課題３　課題４　……　課題12

初級で学習した内容を組み合わせ、より深いアルゴリズム学習を行う。

上級コース 身に付く力：ゲーム設計知識・ゲーム制作の基礎知識全般

課題１　課題２　課題３　課題４　……　課題12

初級・中級を終えた生徒は、学習したスキルでゲームの作成を行う。

本格的プログラミングに！

- 動きのある面白いサイトを！ → **Webサイト制作プログラミングコース**(Java、PHP、Ruby)
- 自分のアイデアを形に → **スマホアプリ制作プログラミングコース**

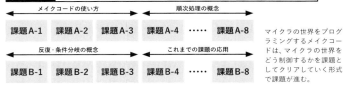

一斉授業ではないので、子どもの個性を伸ばすことができる

＊ゲーム感覚で楽しみながら、創造性を育むことができる

◉メリット②　必要な機材が用意されている

プログラミングを学ぶには、パソコンが必要です。スマートフォンやタブレット端末が普及したことで、「パソコンを持っていない」という家庭も増えています。プログラミングスクールには、必要な機材がすべて用意してあり（パソコンの貸し出し・レンタルは有料の教室が多いようです）、一から自分で揃える手間が省けます。

小学校のプログラミング教育のように、「ＩＣＴ機材・ネットワーク環境が不足して

いる」「機材・設備等が必ずしも充実していない」といった問題に悩まされることはありません。

◉メリット③ 「遊び感覚」「ゲーム感覚」で学べる

「パソコンに触れたことがない子どもを、プログラミングスクールに通わせて大丈夫か？」と心配される保護者もいらっしゃいますが、小学生を対象としたプログラミングスクールでは、**「未経験」であることを念頭に置いています。**

「Scratch」など、感覚的、直感的に操作できるツールを使ってプログラミングを学ぶため、「難しいことを習う」と身構える必要はありません。

ゲーム感覚で楽しんでいるうちに、自然とプログラミングの考え方や基礎が身に付いていきます。

「プロスタキッズ」では途中で退会した子どもは、ほぼ「ゼロ」です。子どもたちが「プロスタキッズ」を楽しみにしているのは、「ゲームができるから」です。

子どもたちにとって、ビジュアルプログラミングはゲームと同じです。

ある生徒が、「親に叱られずマイクラ（マインクラフト）ができて嬉しい！」と喜んでいたように、「プロスタキッズ」で過ごす時間は、子どもたちにとって「勉強の時間」ではなく、「ゲームをする時間」に近いのだと思います。

◉メリット④　子どものペースに合わせて学べる

前述したように、小学校の授業は、基本的に「一斉授業」です。

「一斉授業」には「生徒の個性が埋もれてしまう」「教員にとっては一方向的、生徒にとっては受動的な授業になりやすい」「学習から取り残される生徒が出てくる」「正解がひとつしかない」といったデメリットがあります。

「教える内容」はテキスト化、均一化されていてもかまいませんが、授業のスピードや教え方は、子どもの理解度や特性に応じて変えたほうがいいと私は考えています。

「個別トレーニング型のレッスン（自学自習型）」のスクールであれば、子どものペースに合わせて進めていくことができます。

◉メリット⑤　子どもの個性をつぶさない

プログラミングの世界では、答えはひとつではありません。「絶対にこうしなければいけない」という正解はありません。したがって、プログラミング的な思考が身に付いた子どもは、さまざまな角度から、柔軟に物事を考えられるようになります。

プログラミングは、独自の世界観をつくるためのツールです。「ひとつの正解を言い当てる従来の教育」とは異なり、独自性を育むことが可能です。

たとえば、「キャラクターをA地点からB地点に動かす」とき、A地点から「最短距離」でB地点を目指す子どももいれば、わざと「遠回り」してB地点を目指す子どももいます。「効率」という面だけで判断するなら、「最短距離」を目指すのが正しい。遠回りは「ムダな動き」と解釈され、評価されません。

ですが、「個性」という尺度で判断をすれば、「最短距離」を目指すのも「遠回り」するのも、プログラムを長く書くのも短く書くのも、どちらも正解です。

同じ結果が得られたとしても、できあがったプログラム（命令の組み合わせ）は子どもによって差が出てきます。**この差が個性**です。

小学校の多くは、横並びの教育であり、みんなに同じことをやらせようとする傾向が強い気がします。「みんなと同じ＝正解」「みんなと違う＝間違い」とする教育では、個性を伸ばすことは難しいのではないでしょうか。

日本の学校教育は「個性重視の原則」を掲げ、「個性を生かす教育の充実に努めなければならない」と謳《うた》っていますが、一方で、他の子どもと違う発言、違う行動、違う答えを出すと怒られたり、低い評価を与えられることがあります。

すると子どもは「怒られたくない」から、自己主張しなくなる。これでは個性がつぶされてしまいます。

その点、プログラミングスクールは、学校教育のような「みんな同じの一斉授業」ではないので、「みんなと違う」からといって「不正解」と言われることはありません。

プログラミングの世界では「普通こうだ」「これが常識だ」「これが正解だ」といった既成の枠を外して考えることが許されているため、個性を伸ばすことができます。

答えはひとつではない

ゴール

「ネコを矢印キーで動かして、上から落ちてくるりんごに触ると点数が増える。キャッチできなかったりんごは、地面まで落ちると消える」

この「地面まで落ちると消える」の命令を——

Aくんは「yざひょう＝−180」でプログラム

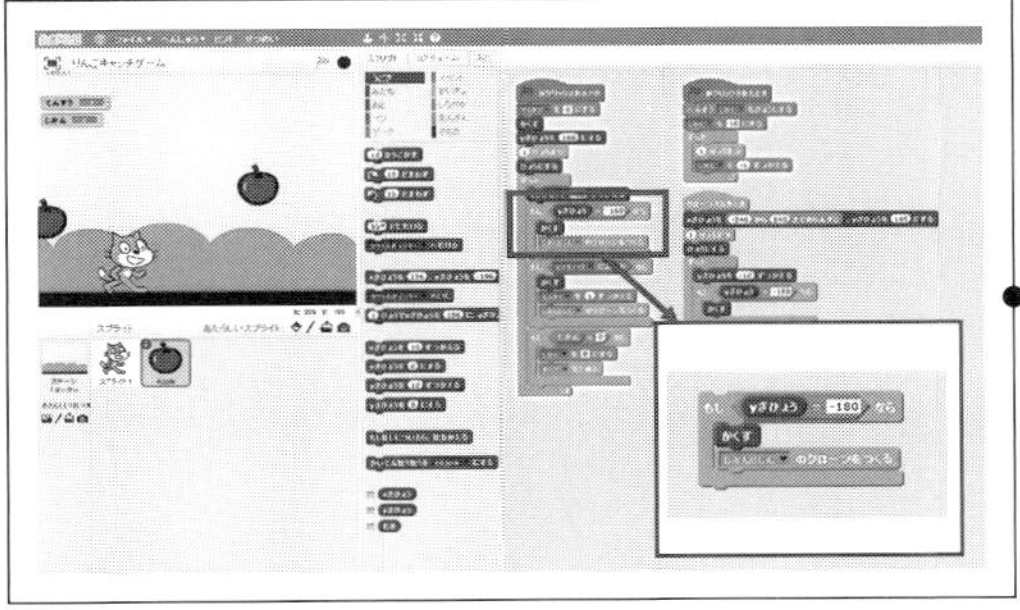

Bさんは「(茶色)いろにふれた」でプログラム

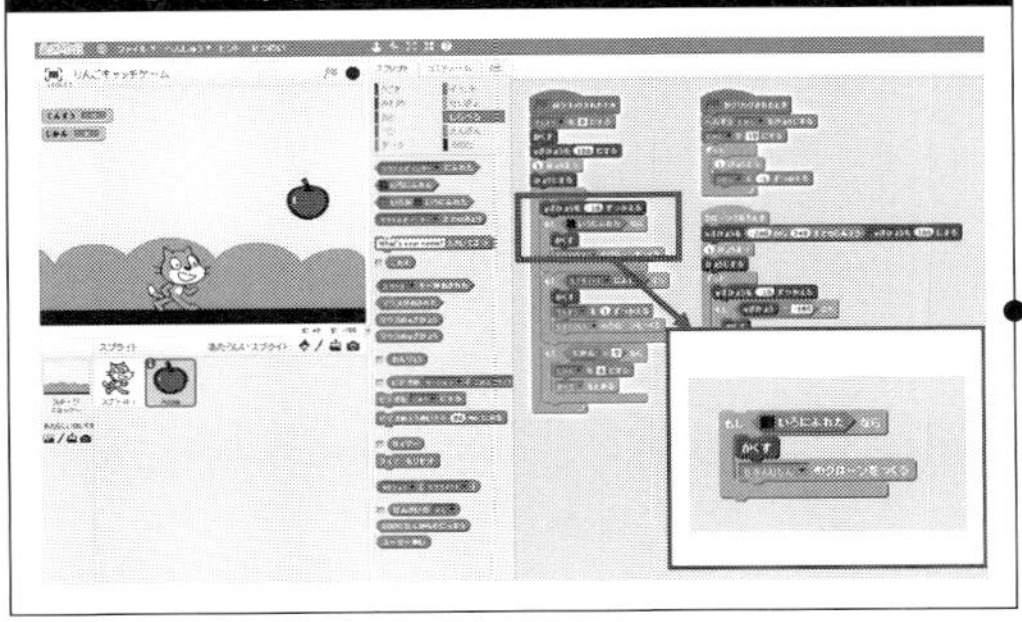

どちらも「地面まで落ちると消える」ので正しい！

個性が認められ、伸びる！

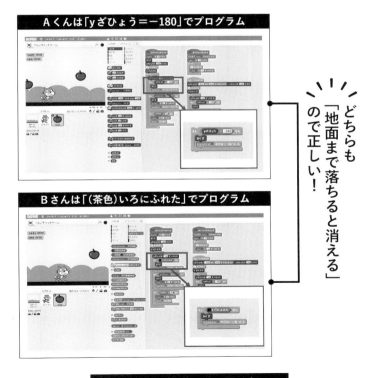

他の子どもと一緒に学ばなければ、身に付かないことがある

＊独学からは、独創的な発想が生まれにくい

◉メリット⑥　仲間と一緒に学ぶことで、アイデアが飛躍する

オンライン学習サービスや市販のテキストを使えば、プログラミングを独学で学ぶことも可能です。「近くにプログラミングスクールがない」、「他の習い事もあるので時間がない」といった理由で通学ができない場合は、独学で学ぶ方法もあります。

ですが、プログラミングスクールに通って、「他の子どもたちと一緒に楽しく学ぶ」ことでしか得られないことがあります。

【独学では得られない成果】

・学校の垣根を越えた友だちができる

「プログラミング」という同じ趣味、興味を持った子ども同士が集まるので、友だちができやすくなります。

学校以外の場所で仲良しの友だちができたら、子どもの生活がより楽しくなります(保護者同士が新しいコミュニティをつくることもあります)。

・協調性を育むことができる

プログラミングスクールには、個別指導に力を入れているスクールから、グループワーク中心のカリキュラムなど、さまざまなコースや指導方法が用意されています。グループワークを用いたプログラミングスクールであれば、同じ目標に向かって、意見を出し合いながら授業を進めるので、協調性も育むことができます。協調性は、やがて子どもの人間関係の範囲を広げて、社会性を育てることにもつながります。

さらに、友だちと協力して一緒にゲームやアプリなどをつくり上げる一体感は、独学では体験できない喜びです。

・学び合いの中で新しい発想が生まれる（グループ・ジーニアス）

プログラミングスクールでは、同じ教室の友だち同士で、お互いのプログラミングの成果を発表することもできます。友だちが工夫したところ、苦労したところを知ることで、自分だけでは得られなかった気づきや発想を得ることがあります。

また、自分がうまくできなかったことを、同じ悩みを持つ友だちと一緒に考えたり、友だちから教えてもらったりすることもできます。

『凡才の集団は孤高の天才に勝る』（ダイヤモンド社）の著者であり、ワシントン大学で創造性に関する研究を行っているキース・ソーヤー教授は、**「グループ・ジーニアス」**という考え方を提唱しています。

画期的なアイデアは、ひとりの天才の直感的なひらめきによって生み出されるものではなく、「元となるアイデアに他の人の意見を取り入れ、組み合わせ、磨き上げてこそ優れたアイデアに成長する」ことがわかってきました。

多くの場合、画期的なアイデアを生むのは、個人の才能ではありません。集団から生まれる天才的な発想（＝グループ・ジーニアス）です。

キース・ソーヤー教授は、「Google Earth（グーグルアース）」、Eメール、ライト兄弟の飛行機、ダーウィンの進化論、トールキンの『指輪物語』、ピカソの絵画といった幅広いエピソードを用いながら、「たったひとりで、すごいアイデアを生み出した人はいない」「皆、誰かの助けを借りていた」という事実を指摘しています。

つまり、**人と人との相互作用によって生まれたアイデアは、たったひとりで物事に立ち向かう孤高の天才を上回る**のです。

「プロスタキッズ」の生徒を見ていても、子どもたちがお互いに刺激し合いながら、協力したり、競い合ったりしながら才能を伸ばしているのがよくわかります。

なお、グループ・ジーニアスが成立するためには、その前提となるコミュニケーション力も不可欠です。「できる」だけではなく、そこから**「コミュニケーションをとって自分の考え方を発言できる」ことまでが、求められる**からです。

「プロスタキッズ」では、生徒対生徒、生徒対先生でコミュニケーションをとれる環境づくりを重視しています。そのため、スクール形式ではなく、子どもたちが向き合う形で教室のレイアウトが組まれており、授業中にも自分で考えて組んだプログラムについて、発表する機会を設けています。

このように、「たくさんの子どもの経験（実際に組んだプログラム）を共有できる」「相乗効果が期待できる」「仲間意識が芽生える」「同じ知識を共有できる」「意見交換ができる」など、子どもたちが学び合い、教え合いながら成長できるのが、プログラミングスクールの特徴です。独学よりもプログラミングスクールで学んだほうが、成長のスピードも質も高いと思います。

プログラミングを離れても、物事に積極的に取り組むようになる

＊独学よりも、学習習慣が付く

◉メリット⑦　学ぶ習慣が付きやすい

個別指導の学習塾「明光義塾」を全国展開する「株式会社明光ネットワークジャパン」が、小学生の子どもを持つ全国500名を対象に、「放課後の過ごし方に関するアンケート調査」を実施しています。

「子どもを塾に通わせている」、もしくは「子どもを今後塾に通わせたい」と回答した保護者279名に、「成績向上・受験対策以外に塾に求めること」を聞いたところ、も

っとも多かったのは、「勉強の仕方や学習習慣が身に付く」で79・9％でした。

このアンケート調査は「学習塾」ですが、私はプログラミングでも、**スクールに通うことで「学習習慣が身に付く」「学習意欲を喚起できる」**と考えています。

「Scratch」の開発を率いたマサチューセッツ工科大学のミッチェル・レズニック教授は、「プログラミングにより喚起された学びに対する意欲の向上、態度の向上は、ほかの教科にもあてはまります。プログラミングを通じて『学ぶことを学んだ』子どもたちが、**プログラミングを離れても、物事に積極的に取り組むようになったり、試行錯誤するようになったりするというのは、日常的に見かける**ことです」と述べています（参照：日経BP／日経トレンディネット）。

好奇心は、学びの原動力です。「自分で目標を立て、実行し、達成する」という成功体験を繰り返す中で、「もっと知りたい！　学びたい！」というモチベーション（学習意欲）が向上します。

◉メリット⑧　小学校の授業の予習・復習になる

小学校でプログラミング教育が必修化されるのは、２０２０年からです。必修化する前からプログラミングスクールに通わせていれば、正しい知識を基礎から身に付けることができます。

事前にプログラミングを体験しておくことで苦手意識もなくなるため、学校の授業でも遅れを取ることはありません。プログラミング教育が一般に普及していない時期からプログラミングを学ばせておけば、大きな武器を手に入れることになります。

◉メリット⑨　礼儀正しくなる

プログラミングスクールの中には、プログラミングのスキルを教えるだけでなく、「挨拶をする」「礼儀正しくふるまう」「元気な声で話す」など、人としての礼儀を教えているスクールもあります。

たとえば、「プロスタキッズ」では、人間関係の基本となる「挨拶」を大事にしていて、「教室に入るとき、出るとき」「授業を開始するとき、終了したとき」の挨拶を繰り返し指導しています。

また、授業の一環として、「使ったパソコンやマウスはピカピカに掃除する」「使った道具は元の場所に戻す」といった、整理整頓活動にも力を入れています（「プロスタキッズ」では、「環境整備」と呼んでいます）。

目に見えるものの整理整頓を通じて、思考や情報の整理整頓の考え方が自然に身に付きます。

身の回りをピカピカにすることで、「ここも汚れているな」「前よりもきれいになった」など、たくさんの違いに気づくことができます。こうした「気づきの感性」が育つと、プログラミングでも、いろいろなアイデアが発揮できるようになります。

おわりに

＊製造業からコンテンツ産業へ

変化の激しい社会で活躍できる人材育成を目指して、「戦後最大規模」の教育改革がはじまろうとしています（2018年4月から小学校で移行措置が開始）。


小学生は、「英語教育の早期化」「プログラミング教育の必修化」

中学生は、「英語授業の英語化」「英単語取得目標数の増加」

高校生は、「大学入学共通テストの導入」「英語の民間資格、検定試験の導入」が実施される予定です。

教育改革の背景には、「日本の産業の変化」が大きく関係しています。

1960年代の日本は、高度経済成長期を通じて、「技術大国」「技術立国」へと成長を遂げました。

日本の技術が世界トップレベルになったのは、「同じものをクオリティ高くコピーする生産能力」「同じクオリティで大量に製品をつくり出す生産能力」が高かったからです。

ですが、これまでの日本の技術を振り返ってみると、新しい産業を起こすような基礎技術はほとんどなかったように思います。

「ハード面の技術力はあっても、ソフト面（コンテンツ面）の開発力に乏しい」のが日本の弱点でした。

現在、日本が得意としていたハード面の製造は、発展途上国の産業としてスライドしつつあります。

また、かつては「日本クオリティ」と謳われた製品ですら、品質低下をうかがわせる不祥事が多発しています。もはや、「同じものをクオリティ高くコピーする生産能力」は、強みではなくなっている。

そこで政府は、日本の産業のあり方を変えるために、「未来を担う子どもたちへの教育」を見直そうと考え、教育改革へ踏み切りました。

プログラミング教育を必修化したのは、ＩＴ系人材を育て、Google、iPhone、Facebookなどを生み出したアメリカのように、「コンテンツ産業」を伸ばしていくためです。

ハードウェアの製造から、ソフトウェアの開発へシフトする。そのために必要なのが、プログラミングの知識です。

私たちの生活はＩＴによって、便利で過ごしやすくなってきました。これからの時代は、より一層テクノロジーと共存していく方向に向かい、身のまわりのさまざまな物事がプログラムによって処理されるようになるはずです。

仕事、年齢、性別、障がいの有無を問わず、すべての人がプログラミングを学ぶ時代がやってくると思います。

＊すべてのヒトに創るチカラを

「株式会社ミスターフュージョン」の経営理念は、

「すべてのヒトに創るチカラを」

です。

この理念に含まれる「すべてのヒト」とは、子ども、障がいのある方、社会人、高齢者など、日本にいる「すべてのヒト」を指しています。

「日本クオリティ」が通用しない現代では、「価値観を揃えて、みんなでひとつのものをつくる」ことよりも、個人の能力を最大限に発揮していくことが求められると私は考えています。

そのために必要なのが、「創るチカラ」です。

「創るチカラ」があれば、無限の可能性を創造できます。

「プログラミングという領域で、ひとりでも多くの子どもたちに、自分の将来を切り開くことのできる『創るチカラ』を授けたい」

「Facebookのように、世界を変えるアプリを開発できる子どもを育てたい」

「世界を変える子どもたちをもっともっと増やしたい」

「AIの発展による仕事の代替にも揺るがない『設計する力』『論理的思考』を身に付けてほしい」

そんな思いから、私は「プロスタキッズ」を設立しました。

「ミスターフュージョン（プロスタキッズ）」は、「香川県難聴児親の会」の方々と一緒に、難聴児を対象としたプログラミング授業を実施。総務省の「若年層に対するプログラミング教育の普及推進」事業に認定されています。

この授業は、障がいのある児童生徒もプログラミング教育を円滑に受けられるように、個々の障がいの状態や特性に応じた実施モデルの実証を行うものです。

子どもたちには、香川県に伝承がある「桃太郎」を題材にしたゲームをつくってもらいました。

授業の終了後には、「アプリなどの作品をつくってみたいと思う」「最初は難しかったけど、楽しくなって続けたいと思った!」など、嬉しい感想をいただきました。

障がいを持っていても、プログラミング的な思考があれば、「創るチカラ」を育むことができます。「プロスタキッズ」が考える未来は、子どもも大人も障がいのある方も、すべてのヒトが創るチカラを持って個性を発揮する社会なのです。

＊プログラミング初心者向け情報サイト「プロナビ」

私も、数年前までは、プログラミングに関してまったくの素人でした。

プログラミングができれば、「ディレクションやマーケティングの業務効率が上がりそう」「自分が考えているサービスを実装できるのではないか」、そんな考えからプログラミング学習をはじめました。

しかし、自分でプログラミングを勉強してきた経験から、「どのスクールに通えばよいか」「どのように勉強をすればいいか」など、プログラミング学習に関する情報が圧倒的に不足していると感じました。

そこで、「プログラミング学習で挫折する人を減らしたい」「よりスピーディにプログラミングを身に付けてもらいたい」と考え、プログラミング初心者向け情報サイト「プロナビ」を立ち上げています（http://programming-study.com/）。

「プロナビ」では、プログラミング初心者が自分に合った学習法を見つける後押しをしています。

「自分に合った学び方がわからない」

「学びはじめたが、わからないことがある」

そんなときは、ぜひ「プロナビ」を訪れてみてください。

本書が、読者の皆様、そしてお子様方のプログラミング学習の一歩目を踏み出す一助になれば幸いです。

最後に「プロスタキッズ」の生徒の皆様ならびに保護者の皆様、スタッフの皆さん、「プロスタキッズ」関係者の皆様に心より御礼申し上げます。ありがとうございます。

「どの子も育つものであり、それは育て方ひとつにかかっている。だれでも自分を育てることができ、そしてそれは正しい努力ひとつにかかっている。」

「なにごとにもあれ、道をひらくということは、新しい能力をつくることです。行動が伴わなければ、なにを思い、なにを反省しても、なにもならない。ですから、行動する、実行する能力をつくる——このことをわたしたちは忘れてはならないのです。

くり返しくり返すことによってなにごとも身につく、能力となる。この鉄則をここでも生かし、どんな小さなことでも、気づいたことはすぐ実行に移す。自分をむち打ちむち打ち、へこたれないでやり抜く。——これが身につき習慣になれば、わたしたちは、不可能と考えられたことも可能になり、閉ざされた道もひらけてくることを、わたしはいろいろなばあいに発見します。

〝やればできる〟といういい古されたことばを、単なることばととってはいけないし、ひとごとだと思ってもいけない。すべてのひとに、それはあてはまる事実なのです。」

（鈴木鎮一『愛に生きる——才能は生まれつきではない』講談社現代新書より）

3歳から学んだスズキ・メソードの阿久津雅志先生から努力することを学んだこと、佐野日大高校で安藤昇先生にプログラミングを学んだこと、小山昇さんに経営を教わっていること、3人の先生に出会え、育てていただいたことに感謝しています。

石嶋洋平

監修者より

佐野日本大学中等教育・高等学校ＩＣＴ教育推進室室長
安藤昇

私にとっては遊びだったプログラミングが教育としてこんなに注目される時代がくるなんて、正直思ってもみませんでした。

私がプログラミングに触れるきっかけとなったのが、高校の入学祝いで父が買ってくれたSHARPのX1でした。当時のパソコンはどのメーカーも、電源を入れたときソフトウェアをロード（読み込み）しないとBASIC言語が動かない環境になっていたので、自然とプログラミングができる環境だったのです。

ゲームソフトを買うお金がなかった私は、パソコン雑誌を買って、その雑誌に書いてあるゲームプログラムのソースコード（プログラムの設計図の文字列）をひたすら打ち込んで、遊ぶ日々を送っていました。もちろん最初はソースコードの意味なんてまったく理解していませんでした。

しかし、複雑なゲームのソースコードは膨大な量となり、必ずタイピングのミスをします。正常に動かすために雑誌と画面上のソースコードを見比べデバッグ（プログラムの設計図のミスを見つける）をするのですが、早くゲームがしたいからバグ（プログラムのミス）の予測を立てて修正をします。そんなことを高校時代毎日していたので、自然とプログラミング言語を理解できるようになっていました。

入学した高校の物理室にはFM-8（富士通製のパソコン）があり、パソコン好きの生徒たちが放課後たむろするようになり、いつしか非公式のパソコン部というのができていました。この出会いがプログラミングのモチベーションを上げるよいきっかけとなったのかもしれません。

また、物理室にFM-8を自前で買って置いてくれた物理の渡辺先生が次々と新製品のパソコンを持ち込み、私たちに触らせてくれる機会を与えてくれました。物理室の壁にはいつしかHu、N88、F-BASICといったBASIC言語の移植対応表ができていたくらいです。

そのような自分の経験から、プログラミング教育について、個人的に大切だと思うことを3つ挙げてみました。

◉1 ゲームなど興味を持ったものを自分でつくってみる

最初は意味がわからなくても、プログラミングでゲームをつくってみる。理屈は後からついてくるので、プログラムが動かなくなったら、マニュアルと見比べて、その原因を自分で根気強く探すことが大切だと思います。

最近、プログラミング教育では、コンピューターを使わないアンプラグドから入るとよいなどと言われていますが、アンプラグドはプログラミングを知り尽くした人（せめて1本くらいソフトをつくってほしいです）が語ることによって初めて意味があるのではないかと思っています。

◉2 よき仲間との出会い、褒めてあげることとの大切さ

高校のとき、徹夜でソフト（アプリ）をつくり上げ、非公式パソコン部で自慢しあ

っていた記憶があります。プログラミングはひとりでやるイメージがありますが、実はプログラミングをしてアプリを完成させるとき、そこには誰かに見てもらいたいという欲求が必ず存在します。

よくプログラミングはオンラインだけで学べるという方がいますが、それではモチベーションが続かないのではないでしょうか。子どもがつくったソフトを友だちや保護者や先生が褒めてあげる。それが成功体験となり、プログラミングの上達につながります。

◉3 環境とよき師との出会い

私は高校時代にありとあらゆるパソコンに触る機会を物理の渡辺先生に与えてもらいました。その影響もあり大学は物理学科に進学し、卒業後は母校に戻って渡辺先生の部下としてプログラミングの基礎を学び、入試システム・グループウェアなどさまざまな学内システムの構築をしてきました。生徒の人生にいい意味で影響を与えられる、そのような人間になりたいと常に思っています。

最後に、現在、プロスタキッズでは情報オリンピック・未踏ジュニアの協賛をしています。これは教え子である石嶋社長に私が強く進言したからです。私は今の日本の現状に危機感を持っています。情報オリンピック・未踏ジュニア等で育った天才の多くは、海外の企業に就職してしまいます。天才たちが就職したくてたまらなくなる魅力ある企業が日本にも出てきてほしい――そのような強い思いがあります。

SPECIAL MESSAGE

from ▶タツナミシュウイチさん

プログラミングが子どもたちの好奇心を刺激して新しい物を生み出す。そんな世界はもう未来のことではなく、すぐそこまで来ています。子どもたちの将来のためにも本書を保護者の皆様に推薦します。

通称「だんなマン」。Microsoft教育イノベーター（MIE）認定者、アジアで初めてマインクラフト公式マーケットプレイスに作品を登録した日本初のマインクラフトプロチーム「一番槍」のプロデューサー。

from ▶ドゥラゴ英理花（Erika Drago）さん

今、世界は産業革命・独立革命以来の250年ぶりに人類史が変わる時代を迎えたと言われています。そのような時代のなかで求められる資質・能力は、AIにはない「探究心」をいかにして育んでいくかということであり、これからポスト・シンギュラリティを生きていく子どもたちにとっての命題と言えます。つまり、想定やマニュアルに頼りすぎない、どんなときでもミスを恐れず、最善をつくす、率先者となる人間がこれからの時代、キーパーソンになると言えます。

本書は、このような時代のなか、プログラミング教育を通し、いかにして上記の資質や探究心を持った人間を育成していくかということが、石嶋さんの子どもたちを思う、優しさあふれる文章で記されています。

この本を読んだ後、少しでも「プログラミングって面白そうだな、やってみようかな」と思ったら、ぜひ躊躇《ちゅうちょ》せず、失敗を恐れず、プログラミングにチャレンジしてみてください。きっと未来につながる何かが見つかるはずです。

「頑張れ、未来のプログラマー！」君たちの未来をいつも応援しています。

Microsoftグローバルマインクラフトメンター

SPECIAL MESSAGE

from ▶小椋義則さん

文部科学省が主導する大学入試改革・教育改革が始まっています。2020年以降の大学入試では、知識や技能を従来型のテストのように習得するだけではなく、自分自身で知識を整理し表現していくことが求められます。

お子様が10年20年先も自信を持って生きていくために。これからの入試改革・教育改革に対応していく力を身につけるために。本書は、これからの社会を力強く生き抜くためにプログラミング教育がなぜ必要なのかが、体系的にわかりやすく整理された良本です。

ITスキルを身に付けるためのプログラミング教育という観点だけではなく、プログラミングを学ぶことが、知識を活用し自分で考え表現していくことにつながることをご理解いただけると思います。

多くの子どもたち・保護者の皆様がお読みになることをお薦めいたします。

株式会社ケーイーシー代表取締役

付録

プログラミングスクール選びのポイント

主なプログラミングツールの特徴

POINT 4 学習内容

プログラミング／ゲーム／アニメ／アプリ／ロボット制作 など

プログラミング言語を使わないロボット制作もあるので、注意が必要。ゲームやアプリ制作では、コンテスト等への応募の有無もあるか、確認したい。コンテストへの応募は、学習の動機付けにもなる。

POINT 5 ツール

スクラッチ／メイクコード／コード・ドット・オルグ／カーンアカデミー／ビスケット など

202ページ参照。

プログラミングスクール選びのポイント

POINT 1 運営

独立系／フランチャイズ系

独立系は、スクールによってレベルが異なる。フランチャイズ系はテキスト等の教材が共通のため、一律レベルの教育が受けられる。

POINT 2 学習目的

教育／プログラマー育成

プログラミングのスキルやそれを通して論理的思考などを身に付ける教育目的なのか、プログラマー育成が目的なのかによって内容が異なる。

POINT 3 授業スタイル

個人レッスン／クラス(一斉)／クラス(自学自習)／キャンプ(短期集中)

子どものペースに合わせるならば、自学自習型の授業スタイルが望ましい。クラスによる授業であれば、学び合いや協調性なども身に付きやすい。また、授業の中で動画が使用されているかは、授業内容が一定のものであるかを見る目安になるので、確認しておきたい。

TOOL 2 メイクコード（MakeCode）

ブロック型の言語からテキスト型（Javascript《ジャバスクリプト》）に容易に変換できる、これまでにないプログラミング環境。マイクロソフトが開発。

特徴

- **イギリスで配布された「マイクロビット」（プログラミング教育用のマイコンボード）や「マインクラフト」を制御できる**

マインクラフトという世界で最も売れているゲームコンテンツをメイクコードで制御することにより、子どものプログラミングに対する敷居を下げている。また、スクラッチでは２次元の動きしかできないが、マインクラフトは３次元の構造なので、ｘｙｚ軸の座標の概念が遊びながら身に付く。

- **高等数学における空間図形やベクトルなどのつまずきやすいポイントをゲームの中で実体験し、感覚的に空間的図形を学べる**

主なプログラミングツールの特徴

TOOL 1 スクラッチ（Scratch）

MIT（マサチューセッツ工科大学）メディアラボが開発した「ビジュアルプログラミング」のひとつ（ビジュアルプログラミングとは、視覚表現でキャラクターを動かすなどコンピューターに実行させる言語のこと）。知識を必要とせず、直感的に学習することができる。

特徴

- **ダウンロードや個別ソフトのインストールといった作業は必要ない**

  画面にいるネコは初期設定で配置されている「スプライト」と呼ばれるキャラクターであり、このスプライトの中にスクリプト（簡易プログラム）としてブロックを積んでいくことで、実際に動作するプログラムをつくっていくのがスクラッチの開発スタイル。

- **世界的にユーザーが多い**

- **漢字にも、ひらがなにも対応している**

  プログラミングのひとつの壁は言語だが、スクラッチは「ひらがな」さえわかっていればできる。

- **視覚的なわかりやすさ**

  構文などの細かな文法を知らなくても、ブロックの形を見れば一目瞭然。ブロックの凸凹が互いにはまるかはまらないかがわかればできる。

- **画面にいるネコのキャラクターを動かすことにより、直感的に座標の概念を学べる**

  進む、曲がる、回転するなどの極座標の概念や直交座標の概念、スプライト間のメッセージのやりとりで引数や変数の概念を学べる。また、より高度なプログラミングの変数である、ローカル変数・グローバル変数（スクラッチ外の変数）も学べる。

- **初心者が入門しやすく、高度なプログラミングができる**

TOOL 5 ビスケット（VISCUIT）

日本人が開発した教材で、「めがね」がプログラムの基本となり、変化の仕方をコンピューターに教える。

特徴

- めがねですべての動きをつくるため、特別な言語を必要とせず、低学年から感覚的に学ぶことができる

主なプログラミングツールの特徴

TOOL 3 コード・ドット・オルグ（code.org）

ロジックのブロックを操作させることによって、プログラミングの基本概念を教える。マイクロソフトが出資。

特徴

- 適切な順番に並べることで、
  キャラクターを動かしたり、図形を描いたりできる
- 「マインクラフト」「スターウォーズ」「アナと雪の女王」
  といったコンテンツが揃っており、
  楽しみながらプログラミングを学習することができる

TOOL 4 カーンアカデミー（Khan Academy）

小学生から高校生向けの無料オンライン学習プラットフォームサービスであり、世界最大のエドテック（Education〈教育〉× Technology〈技術〉）サイト。マイクロソフトが出資。

特徴

- Javascript、HTML、CSSといった
  プログラミングの基礎を学ぶことができる
- 動画を見てインプットし、実践でアウトプットができる
- プログラミング以外にも、数学、歴史、音楽、科学など
  さまざまなコンテンツがある

SPECIAL THANKS

監修

安藤昇先生（プロスタキッズ最高顧問、佐野日本大学中等教育学校・高等学校
ICT教育推進室室長）

制作協力

小山昇様（株式会社武蔵野）
大澤希様（株式会社フィールドプロテクト）
金澤正隆様（富士ネットワーク株式会社）
小椋義則様（株式会社ケーイーシー）
沢田元一郎様（ソシオス・イー・パートナーズ株式会社）
田原正史様（株式会社ひまわり）
和田博様（株式会社SOH）

制作協力社員

井之上志帆さん、遠藤明日佳さん、黒井美穂さん、黒木志保さん、香西勝彦さん、
小林愛実さん、篠原光さん、清水都花さん、庄司美乃さん、鈴木千裕さん、
角田美貴さん、外川恭子さん、中小路佳穂さん、濱島英聖さん、真壁深幸さん、
望月未来さん、本山蓮さん、山田菜々子さん

制作支援

プロスタキッズ生徒の虎之助くん、天風くん、萌ちゃん、
生徒の皆様、保護者の皆様

プロスタキッズアドバイザー

Minecraft公式マインクラフター　タツナミシュウイチさん、
Microsoftグローバルマインクラフトメンター　ドゥラゴ英理花（Erika Drago）さん
Microsoftグローバルマインクラフトメンター　堀井清毅さん

著者紹介

石嶋洋平（いしじま・ようへい）

株式会社ミスターフュージョン代表取締役
プロスタキッズ代表
東京花火大祭制作委員会委員長
1981年生まれ。株式会社ミスターフュージョンを設立。
有名アーティスト、有名企業のWebプロデュースを手がける。また、Webマーケティングコンサルタントとして企業のアクセス解析を行い、幅広い業種業界でのWebサイトの改善実績を持つ。「Google Excellent Performer Award 最優秀賞」「Yahoo!JAPAN プロモーション広告新規代理店賞第1位」「Googleプレミアムパートナーアワードモバイル部門日本第1位・顧客成長部門第3位」と数々の実績を持ち、Webマーケティング関連のセミナーを、年間70回以上開催。2017年4月に、「すべてのヒトに創るチカラを」をビジョンとして、小学生向けプログラミング教室「プロスタキッズ」を設立。総務省の主催による「若年層に対するプログラミング教育の普及推進」事業認定としてプログラミング教育も行っている。2018年8月に、「東京花火大祭」で子どもたちがプログラミングした花火が世界で初めて打ち上げられる仕掛け人でもある。著書『ホームページで売上があがる会社、あがらない会社、何が違うか』『会社のホームページはどんどん変えなさい』（あさ出版）は、それぞれAmazon総合1位、紀伊國屋書店チェーンのインターネットビジネス部門で年間1位を獲得するなど、異例のヒットとなった。

●株式会社ミスターフュージョン
　http://mrfusion.co.jp/
●小学生向けプログラミング教室「プロスタキッズ」
　http://programming-kids.jp/

監修者紹介

安藤　昇（あんどう・のぼる）

佐野日本大学中等教育・高等学校ICT教育推進室室長
1968年栃木県生まれ。日本大学理工学部物理学科を卒業後、理科教諭として佐野日大高校に勤務。現在は数学・情報を教える傍ら剣道部、放送部を全国大会に導く。コンピュータプログラミングとクリエイティブ能力に優れ、全国大会の試合運営システムの開発やタブレットを題材とした動画CM「デジタルキャンパス物語」をネットに配信し人気を博している。
また、佐野日大に導入した1500台のタブレットの運用に耐えうるWi-Fiインフラの設計およびオープンソースによる生徒用グループウェアの構築も手掛けている。

子《こ》どもの才能《さいのう》を引《ひ》き出《だ》す最高《さいこう》の学《まな》び
プログラミング教育《きょういく》

〈検印省略〉

2018年 7 月 8 日 第 1 刷発行

著 者——石嶋 洋平（いしじま・ようへい）
監修者——安藤 昇（あんどう・のぼる）
発行者——佐藤 和夫

発行所——株式会社あさ出版
〒171-0022 東京都豊島区南池袋 2-9-9 第一池袋ホワイトビル 6F
電 話 03 (3983) 3225（販売）
03 (3983) 3227（編集）
F A X 03 (3983) 3226
U R L http://www.asa21.com/
E-mail info@asa21.com
振 替 00160-1-720619

印刷 文唱堂印刷株式会社

facebook http://www.facebook.com/asapublishing
twitter http://twitter.com/asapublishing

ISBN978-4-86667-076-8 C0037